Chr. Ernst (Christoph Ernst) Luthardt

Zur Ethik

Über verschiedene ethische Themata

Chr. Ernst (Christoph Ernst) Luthardt

Zur Ethik
Über verschiedene ethische Themata

ISBN/EAN: 9783744607650

Hergestellt in Europa, USA, Kanada, Australien, Japan

Cover: Foto ©Thomas Meinert / pixelio.de

Weitere Bücher finden Sie auf **www.hansebooks.com**

Zur Ethik.

Ueber verschiedene ethische Themata

von

Dr. Chr. Ernst Luthardt.

Leipzig,
Dörffling & Franke.
1888.

Vorwort.

Die folgenden sechs kleinen Abhandlungen oder Erörterungen sind bereits früher an verschiedenen Orten gedruckt. Es schien mir wünschenswerth sie hier zu vereinigen, da sie einem gemeinsamen Gebiete angehören und verwandte Fragen behandeln. Mögen sie freundlichem Interesse begegnen.

Leipzig, 8. August 1888.

Luthardt.

Inhalt.

	Seite
Betrachtungen über das Gewissen. 1880	1
Die sittliche Würdigung des Berufs in ihrer geschichtlichen Entwickelung. 1880	17
Ueber das sittliche Ideal und seine Geschichte. 1882	28
Zur kirchlichen Lehre vom Beruf. 1883	42
Die antik-heidnischen Wurzeln des römisch-katholischen Vollkommenheitsideals. 1888	52
Römisch-jesuitische Moral. 1869	66

Betrachtungen über das Gewissen.

Es ist eine Welt von Erscheinungen, Gedanken und Thatsachen, welche wir in dem Einen Wort „Gewissen" zusammenfassen. Und doch, indem wir jene Fülle von einzelnen Vorgängen und Beobachtungen mit diesem Worte bezeichnen, wollen wir damit aussprechen, daß sie unter sich eine gewisse Einheit bilden und zusammengehören und damit sich von anderen Lebenserscheinungen eigenthümlich absondern. Worin liegt das Besondere dieser Erscheinungen, die wir Gewissen nennen? und welches ist der Umfang, den dies Wort umschreibt? In den letzten Jahrzehnten sind auffallend viele Erörterungen über das Gewissen angestellt worden. Diese Thatsache scheint zu verrathen, daß jene Frage eigenthümliche Schwierigkeiten in sich schließt. Nichts scheint uns eine einfachere Sache als das Gewissen, und kaum ein anderes Wort ist uns so geläufig. Und doch erachtete einer der bedeutendsten Ethiker der neueren Zeit (Rothe) das Wort so vieldeutig, daß er es aus dem wissenschaftlichen Sprachgebrauch verbannt wissen wollte. Die folgenden Erörterungen wollen nicht die ganze Frage des Gewissens beantworten oder auch nur berücksichtigen, sondern nur eine Reihe von Betrachtungen darüber anstellen, welche zu weiteren Gedanken Anregung geben mögen.

Die erste Betrachtung, die sich uns aufdrängt, gilt der Bedeutung des Gewissens. Das Gewissen ist von fundamentaler Bedeutung für das gesammte Leben, für die Lebensführung und die Lebensbeurtheilung. Am Schluß seiner „Kritik der praktischen Vernunft" sagt Kant: „Zwei Dinge erfüllen das Gemüth mit immer neuer und zunehmender Bewunderung und Ehrfurcht, je öfter und anhaltender sich das Nachdenken damit beschäftigt: der bestirnte Himmel über mir und das moralische Gesetz in mir". Und wenn er auch sonst das Gewissen als eine Majestät auf Erden bezeichnet, dem sich auch die widerstrebendste Neigung beugen und ihr gehorchen muß, so findet dies seinen Widerhall im allgemeinen Urtheil. Unter allen irdischen Mächten des sittlichen Lebens kennen wir keine höhere als das Gewissen. Seiner Autorität beugen wir uns alle. Wer sie nicht anerkennt, dem versagen wir unsere Achtung. Die Pflicht der Gewissenhaftigkeit halten wir auf allen Lebensgebieten für die vorderste sittliche Pflicht, und der Vorwurf der Gewissenlosigkeit ist der stärkste, den wir gegen jemanden erheben. Der Maßstab des Gewissens ist uns der höchste menschliche Maßstab der Beurtheilung. Ihn legen wir an alles menschliche Thun an. Keine geniale Begabung und kein glänzender Erfolg dispensirt von diesem Maßstab der Beurtheilung. Es gibt eine neuere Richtung, den s. g. Positivismus, welche auch an die Erscheinungen des sittlichen Lebens nur denselben Maßstab von Ursache und Wirkung angelegt wissen will, den wir etwa an die Vorgänge des Naturlebens anlegen. Man müsse einen jeden Menschen und sein Thun aus den Verhältnissen heraus begreifen, in welchen die Ursachen dazu liegen. Das sei seine Rechtfertigung. Eine andere, sittliche Beurtheilung stehe uns nicht zu. „Wir wissen nichts mehr von einer Moral, sondern nur noch von Sitten; nichts mehr von Prinzipien, sondern nur von Fakten. Was da ist, hat für uns das Recht zu sein." So charakterisirt ein Artikel der „Revue des deux mondes" vom Februar 1860 diese Denkweise. Nach dieser Ansicht wäre Nero, der Mutter- und Christenmörder, ebenso gerechtfertigt wie Paulus und die Christen Roms, die er gemordet. Wir haben Nero nur zu begreifen, wir haben nicht das Recht ihn zu verurtheilen. Wohl, wir machen der Distel keinen Vorwurf, daß sie nur eine Distel und keine Rose ist. Aber die Menschen sind keine Blumen und keine Thiere, und ihr Verhalten ist kein Erzeugniß der Naturnothwendigkeit, sondern sie sind verantwortlich für ihr Thun; denn sie sind sittliche d. h. freie Wesen, und stehen unter dem Sittengesetz ihres Gewissens. Wir müßten das Beste an uns verleugnen, wenn wir darauf verzichten sollten das Gute gut und das Schlechte schlecht zu finden und an jenem Wohlgefallen zu haben, dieses aber zu verabscheuen. Und diese sittliche Beurtheilung werden wir stets als die höchste und entscheidendste ansehen.

Und wie für das Urtheil, so hat uns auch das Gewissen entscheidende Bedeutung für das Leben, für das Leben des Einzelnen wie für das Leben der Gesellschaft. Wenn der Wechsel der Geschicke und der Streit der Neigungen und Gedanken das Schiff unseres Lebens auf dem bewegten Meere hin und herwirft, so dient uns das

Gewissen zum Anker, den wir einsenken uns daran festzuhalten, oder zum Kompaß, danach die Richtung seines Laufes zu bestimmen. Freilich muß der Ankergrund auch fest und sicher sein und der Kompaß richtig zeigen. Deshalb suchen wir in der Erziehung vor allem das Gewissen zu entwickeln und rege zu machen und richtig zu leiten, um dem heranwachsenden Jüngling darin einen Hüter mitzugeben für das Leben. Die sittliche Seite der Erziehung steht uns höher als die intellektuelle, und das Gewissen ist uns mehr werth als das Wissen. Und wie es für das Leben des Einzelnen von entscheidendem Gewicht ist, so auch für das Leben der Gesellschaft. Wenn kein Gewissen mehr in Handel und Wandel, in Arbeit und Verkehr, in den geschäftlichen und persönlichen Verhältnissen ist, so helfen alle Gesetze und gute Einrichtungen nichts. Und eine Gesellschaft, aus welcher das Gewissen schwindet und nur etwa der Vortheil und der Genuß herrscht, geht dem Untergang entgegen nach einem Gesetz innerer Nothwendigkeit. Also das Gewissen ist von fundamentaler Bedeutung.

Aber was ist das Gewissen? Betrachten wir zuerst die Thatsache und dann das Wort, um so die Sache zu finden.

Also die Thatsache. Vergegenwärtigen wir uns jenen ersten Vorgang, den die H. Schrift uns berichtet, mit welchem die Geschichte der Menschen begonnen hat. Auch wer die Geschichte des Sündenfalls vielleicht nicht für wirkliche Geschichte ansieht, muß doch die große psychologische Wahrheit anerkennen, die darin ausgesprochen ist. Was damals geschehen ist am Anfang der Geschichte der Menschheit, wiederholt sich der Hauptsache nach stets im Laufe der Geschichte. Zweifach macht sich dort die Stimme des Gewissens geltend: mahnend und warnend vor der That: „Gott hat gesagt: esset nicht davon", anklagend und strafend nach der That: die Gefallenen schämten sich und fürchteten sich. Denn wie die Furcht so ist auch die Scham eine Aeußerung des Gewissens. Man hat sie nicht mit Unrecht das Gewissen des Leibes genannt. Das sind Vorgänge des inneren Lebens, die wir alle aus eigener Erfahrung kennen. Es sind unwillkürliche Vorgänge; sie entstehen ohne unseren Willen, nicht erst durch Nachdenken, sondern von selbst und ohne weiteres. Sie werden nicht erst hervorgerufen durch unsere Gedanken über das Unrecht, sondern sie selbst rufen diese Gedanken hervor. Es ist nicht blos der Gedanke an die Strafe, der darin thätig ist, sondern es ist ein unmittelbares Gefühl und unwillkürliche Würdigung des sittlichen Werthes oder Unwerthes unserer Handlung. Wir selbst sind es, die darin thätig sind, und doch ist es wie eine fremde Macht, die uns entgegentritt, der wir vielleicht uns entziehen möchten, der wir aber doch nicht entrinnen können, sondern wir müssen sie anerkennen, wenn auch widerwillig. Es ist unabhängig von unserem Willen. Wir können nicht ihm befehlen, sondern es befiehlt uns; wir können nicht es korrigiren und zurechtweisen, sondern es korrigirt und straft uns. Wir stehen nicht über ihm, sondern unter ihm.

Man hat wol versucht, das was man Gewissen nennt, aus reinen Naturvorgängen zu erklären und mit dem Gegensatz von Lust und Unlust in Verbindung zu setzen, um ihm seine Selbständigkeit und seinen sittlichen Charakter zu nehmen. Aber es gibt eine Thatsache, eine unleugbare im Menschenleben, vor der alle diese Deutungen zu Schanden werden. Das ist das Schuldbewußtsein. Jedermann kennt diese geheimnißvolle Macht unseres Inneren; niemand kann umhin sie anzuerkennen. Kein Vergessen hilft da, es wacht doch wieder auf; keine Sophistik, es zerreißt die Spinngewebe unserer Gedanken; kein Leichtsinn, der es verlachen will: es spottet alles Leichtsinns. Und zu welcher Gewalt es erwachsen kann, wissen wir alle. Es zwingt den Schuldigen zum Bekenntniß, oder es treibt ihn bis zur Verzweiflung, ja bis zum Selbstmord. Man hat an ähnliche Erscheinungen bei den Thieren erinnert, als ob diese auch ein Gewissen oder etwas Analoges hätten. Aristoteles sagt: nur der Mensch hat Gewissen, das Thier nicht. Der Hund kennt aus Erfahrung die Strafe und hat Furcht vor der Strafe und zeigt das in seiner bekannten jämmerlichen Haltung, die er dann annimmt. Aber wenn er sich vor der Strafe sicher weiß, ist er fröhlich und wohlgemuth und hat nichts von einem Gefühl des Unrechts. Aber das Gewissen wacht auf im Schuldigen, auch wenn er sich ganz sicher vor Strafe weiß, und nöthigt ihn wol auch, daß er sich zur Strafe stellt. Also das Gewissen ist eine Thatsache unseres Inneren, eine unwillkürliche, unentrinnbare und unabweisbare, im Inneren des Menschen und aller Menschen sich vollziehende Thatsache sittlicher, nicht blos naturhafter Art.

Was für eine Thatsache? Was entnehmen wir dem Worte Gewissen?

Es ist eine eigenthümliche Erscheinung, daß das A. Testament kein Wort für Gewissen hat. Es gebraucht das Wort Herz dafür. Aber Herz hat eine umfassendere Bedeutung. Es bezeichnet den Mittelpunkt des gesammten persönlichen Lebens, wo alle geistigen Vorgänge des Empfindens, Denkens und Wollens zu Hause sind, ihren

Ursprung und ihre Heimat haben, also auch die Gewissensvorgänge. Das A. Testament kennt die Vorgänge des Gewissens, vom Sündenfalle an bis zum Selbstmord Ahitophel's des Verräthers auf der einen und den Bußpsalmen des Königs und den Sündenbekenntnissen des Volkes auf der anderen Seite und den Gewissensmahnungen der Propheten. Aber es hat diese Vorgänge nicht als ein besonderes und selbständiges Gebiet des geistigen Lebens ausgesondert aus den übrigen und im besonders gemünzten Begriff und Wort zusammengefaßt. Warum wol? Die äußere Offenbarung Gottes im Gesetz und Zeugniß der Propheten ersetzte ihm vollauf, was uns im Gewissen als Mitgift gegeben ist, sodaß darüber das besondere Gebiet des Gewissens nicht zum Bewußtsein kam. So hat denn auch das Evangelium im Munde Jesu an das Gesetz angeknüpft und auf dieses sich berufen und nicht auf das Gewissen. In den Reden Jesu und in den Evangelien kommt das Wort Gewissen nicht vor, außer in jener der Tradition angehörigen und später eingeschobenen Erzählung von der Ehebrecherin Joh. 8, 9. Erst als das Evangelium dann auf heidnischen Boden trat und sich an die Heiden und an die Juden in der Zerstreuung wandte, in den Paulinischen und Petrinischen Briefen und im Brief an die Hebräer begegnet uns das Wort wiederholt; denn da hat das Evangelium sich an jene inneren Vorgänge, die man mit dem Worte Gewissen bezeichnet, gewandt und sich an diesen legitimirt. Denn die Stelle dessen, was Israel im Gesetz besaß, hat den Heiden das Gewissen vertreten.

Der Boden also, auf dem das Wort erwachsen, ist der der Heidenwelt. Hier muß demnach die Erfahrung, welche in diesem Worte sich ausdrückt, so mächtig sich aufgedrängt haben, daß sie zur Bildung einer besonderen Bezeichnung dafür führte: eben weil die Heidenwelt, die sich selbst überlassene Menschheit nur auf die Mitgift verwiesen ist, die Gott ihr in ihrer Natur auf ihre Wanderung mitgegeben, damit sie erkenne, daß dies natürliche Vermögen, auch das sittliche, nicht ausreiche und ihr nicht zum Heil und Frieden zu verhelfen vermöge, sondern sie einer besonderen Offenbarung Gottes und einer Hülfe von oben bedürfe.

Am Anfang gab es auch hier kein Wort für Gewissen. Das Gewissen lehnte sich an die äußeren religiösen Ueberlieferungen und Formen an. Es war ähnlich wie in Israel, daß die objektive religiöse Offenbarung die Stelle des Gewissens vertrat und es nicht zum Bewußtsein kommen ließ. Nur mit dem Unterschied, daß es in Israel eine wirkliche Offenbarung war, die deshalb standhielt und sich immer mehr bewährte, hier dagegen eine vermeintliche, die je länger je mehr zusammenbrach und den Menschen auf sich selbst verwies, um ihn auf diesem Umwege zum Evangelium zu führen.

Es sind besonders zwei Vorstellungskreise, in denen der Inhalt und die Funktionen des Gewissens einen Ausdruck fanden. Sie begegnen uns in der Geschichte der Antigone und der des Orestes. Dem Gebote des Königs Kreon, den Leichnam des feindlichen Bruders Polyneikes unbeerdigt zu lassen, trotzt Antigone im Gehorsam gegen die alten „hochheiligen Gesetze", welche die Pietätspflicht des Begräbnisses fordern. In diese Form uralter hochheiliger Gesetze, welche von den Göttern selbst herrühren und über allen staatlichen Gesetzen stehen, kleidet sich in der alten Zeit die Forderung und Mahnung des Gewissens. „Denn heute nicht und gestern, nein in Ewigkeit lebt dieses" [ungeschriebene Gesetz der Götter], sagt Antigone. Und „stammend aus dem Schoße des Vaters Olympos, nicht aus sterblicher Männerkraft geboren", heißen jene Urgesetze im „König Oedipus". Orestes aber wird für seinen Muttermord von den Furien friedlos umhergetrieben. „Seht die graugewandigen, gorgonengleichen, schlangenüberringelten Gestalten annahen", läßt Aeschylus seinen Orest ausrufen. „Ihr seht die Schreckgestalten nicht? Ich seh sie wohl." In diese Vorstellung der Erinnyen oder Furien kleidet sich bis weit herunter die Anklage des strafenden Gewissens.

In jener Zeit der Wende des griechischen Geistes aber, in welcher der Geist der Kritik erwachte, die traditionellen Mächte des Denkens und Lebens zu wanken begannen und das eigene Ich sich geltend zu machen anfing, um die Zeit des peloponnesischen Krieges und im Zeitalter des Euripides begann das Bewußtsein sich zu regen, daß jene sittlichen Mächte, die man mit dem Namen der hochheiligen Gesetze und der Erinnyen bezeichnete, in der eigenen Brust des Menschen ihre Heimat haben, sodaß, wenn auch jene Vorstellungen etwa der Kritik anheimfielen, damit doch diese sittliche Macht nicht zu Boden falle. Seit jener Zeit begegnet uns, wenn auch zunächst nur selten, das Wort Gewissen; nicht als ein Erzeugniß etwa der Philosophie, sondern des Lebens, der unmittelbaren Lebenserfahrung, welcher sich jene inneren Thätigkeiten vor allem der Anklage und Verurtheilung unwillkürlich aufdrängten.

Der Name, der hierfür gebraucht wurde (τὸ συνειδός, später auch ἡ συνείδησις), bezeichnet Mitwissen, Mitwissenschaft. Wir haben ein

Mitwissen mit unserem Thun, einen inneren Zeugen unseres Verhaltens, der aber nicht ein ruhiger Zuschauer ist, sondern unser Thun seiner Beurtheilung unterzieht. Dieselbe Bedeutung hat das lateinische Wort dafür: conscientia, d. i. Mitwissen oder Bewußtsein von unserem Thun und seinem sittlichen Werth oder Unwerth. Und gerade auf römischem Boden hat dieses Wort in besonderem Grade und Nachdruck Anwendung erfahren: ein Zeugniß des größeren sittlichen Ernstes, der den römischen Geist vor dem griechischen auszeichnet. Von da aus ist dann das Wort in die verwandten abendländischen Sprachen übergegangen. Und auch unser deutsches Gewissen ist nichts als Uebersetzung von conscientia. also dasselbe was conscience und die verwandten Worte. Nur mit dem Unterschied, daß während die anderen Sprachen nur Ein Wort haben für die beiden Begriffe, die wir mit Bewußtsein und Gewissen bezeichnen, bei uns sich neben Gewissen in der neueren Zeit, seit der Wolf'schen und Popularphilosophie, das Wort Bewußtsein für die allgemeineren geistigen Vorgänge gebildet hat und dadurch das frühere Wort Gewissen auf die Vorgänge sittlicher Natur beschränkt worden ist. Es ist dies ein schöner Vorzug, den unsere Sprache vor den anderen voraus hat, dessen wir uns freuen dürfen.

So kurz diese Notizen über die Geschichte des Wortes sind — eingehende und sorgfältige Untersuchungen hierüber hat Kähler in seiner Schrift „Das Gewissen" (1. Geschichtlicher Theil. 1. Hälfte. Halle 1878) angestellt — so reichen sie doch aus, um die Frage nach dem Wesen des Gewissens wenigstens der Hauptsache nach zu beantworten.

Was ist das Gewissen? Es ist ein Wissen, das wir in uns tragen und üben; und zwar ein Wissen sittlicher Art, um unser Thun und seinen sittlichen Werth. Unser Thun wird begleitet von diesem Wissen als einem inneren Zeugen. Als Zeugen und Wächter bezeichneten die römischen Schriftsteller mit Vorliebe das Gewissen. Wo kein menschlicher Zeuge ist, da ist dieser verborgene Zeuge, den wir in uns tragen. Wir sind uns selbst Zeugen. Conscientia mille testes: das Gewissen ist so viel wie tausend Zeugen, lautete ein römisches Sprichwort. Und seine Augen sind immer wach und seine Stimme redet stets. Auch wo wir vielleicht die Augen verschließen und was wir gethan vergessen möchten, hält dieser Zeuge sein Auge offen und erinnert uns an unser Thun. Es ist die Macht der sich aufbrängenden Erinnerung in uns. „Nimm fort was mich so traurig macht, auch die Vergangenheit", heißt es bei Lenau. Aber vergebens. Es „wälzet sich die ewige Betrachtung des Geschehnen verwirrend um des Schuld'gen Haupt umher", wie der Goethe'sche Orest klagt. Und auch wenn wir vielleicht die Stimme nicht hören wollen, hilft es uns nichts; es ruft so laut, daß wir nicht umhin können zu hören was es redet. „Hat mein Gewissen doch viel tausend Zungen", heißt es in „Richard's III." nächtlichem Monolog. Und was es redet, ist eine Beurtheilung unseres Thuns. Es zieht es vor das sittliche Tribunal. Man liebte es schon in der alten Welt, das Gewissen mit einem Gerichtshof und seine Vorgänge mit einem Prozeßverfahren zu vergleichen. Es tritt ein Zeuge und Ankläger auf, und der Richter spricht das Urtheil und vollstreckt es innerlich in unserem Bewußtsein. Nur sind sie alle eins: der Zeuge, der Kläger, der Richter, der Vollstrecker des Urtheils. Wer ist dieser Eine? Es ist uns, als wäre es ein von uns verschiedener. Das Gewissen erscheint uns als eine von uns unterschiedene, uns gegenüberstehende Macht, die uns zur Verantwortung zieht, und vor der wir erscheinen und unser Urtheil empfangen. Sie ist wie ein Höheres, vor dem wir uns beugen müssen, dem wir uns entziehen möchten und doch nicht können. Und doch ist es unser Gewissen. Wir sind selbst thätig in diesem inneren Prozeß. Und nicht eine einzelne Kraft oder Seite unseres Geistes. Mit Recht redet das A. Testament vom Herzen, d. i. vom inneren Mittelpunkte des persönlichen Lebens. Unser Geist selbst in seinem persönlichen Innenleben, da, wo er mit Gott zusammenhängt, wo auch im Gefallenen noch das Band des Zusammenhangs mit Gott bewahrt ist, das ist das Subjekt der Gewissensthätigkeit. Das Bewußtsein, wie es im gottgeschaffenen sittlichen Wesen der menschlichen Persönlichkeit begründet ist als eine lebendig sich bezeugende und geltend machende sittliche Macht, das ist es, was sich im Gewissen kundgibt.

Wenn nun aber das Gewissen unser Thun vor seinen Richterstuhl zieht und beurtheilt: wonach urtheilt es? Nach welchem Gesetz? Hat es ein Gesetz zum Inhalt? Tragen wir ein solches Gesetz in uns? In der berühmten Stelle Röm. 2, 14 ist von einem solchen Gesetz in uns die Rede. Die Stelle lautet nach wörtlicher Uebersetzung: „Denn so die Heiden, die doch nicht Gesetz haben, von Natur die Werke des Gesetzes thun, diese die Gesetz nicht haben, sind sich selbst Gesetz, indem sie erweisen das [geforderte] Werk des Gesetzes als geschrieben in ihren Herzen, wobei ihr Gewissen zugleich Zeugniß gibt und die Gedanken untereinander Anklage führen oder auch Entschuldigung, am Tage, da Gott richten wird das Verborgene, gemäß meiner Verkündigung durch Jesum Christum". Paulus führt hier aus, daß, während Israel das positive Gesetz der Offenbarung hatte, die Heiden einen gewissen Ersatz dafür haben in ihrem eigenen Inneren und seinen Vorgängen. Er spricht von dem Werke des Gesetzes, geschrieben in ihren Herzen. Also im Mittelpunkt seines persönlichen Wesens trägt der Mensch die Forderung gesetzesgemäßen Verhaltens. Und gewiß, wenn in unserem Inneren jene Vorgänge der Selbstbeurtheilung sich vollziehen, so müssen wir in unserem Inneren auch einen Maßstab haben, nach dem sie sich vollziehen. Wenn wir Urtheile der Billigung und Mißbilligung fällen, so wird dies den inneren Besitz eines Gesetzes zur Voraussetzung haben müssen, wie dies Kant in den oben angeführten Worten ausspricht.

Aber wie? Haben wir wirklich ein solches Gesetz in uns? Sehen wir uns um. Die größte Verschiedenheit des sittlichen Urtheils begegnet uns in den verschiedenen Zeiten und Völkern und die größte Unsicherheit. Die einen machen sich ein Gewissen aus dem, woraus sie sich keines machen sollten; und die anderen machen sich kein Gewissen aus dem, woraus sie sich eines machen sollten. Jene Christen Roms, von denen Paulus im Römerbrief Kap. 14 und 15 redet, machten sich ein Gewissen daraus, Fleisch zu essen und Wein zu trinken. Dem Hindu streitet es wider sein Gewissen Kuhfleisch zu essen, dem römischen Katholiken am Fasttage Fleisch zu genießen, dem orthodoxen Juden am Sabbat Geld in die Hand zu nehmen u. dgl. Uns ist das alles keine Gewissenssache. Dem antiken Menschen sagte sein Gewissen nichts von einer allgemeinen Menschenliebe, der Fremde war ihm Feind; uns ist es eine Forderung des Gewissens geworden. Also scheint es, das Gewissen hat keinen eigenen Inhalt, sondern es empfängt ihn erst von außen: von der Sitte und Ueberlieferung, von der Volksanschauung, von der ganzen geistig sittlichen Atmosphäre, in welcher der Einzelne lebt, durch die Erziehung, von seiner Religion und seiner Religionsgemeinschaft, ihren Lehren und Vorschriften ꝛc. Das ist denn auch die Ansicht verschiedener Ethiker in mannichfaltiger Wendung. Danach also wäre das Gewissen ein leerer Raum, der erst von außen erfüllt wird und die Bestimmung hat erfüllt zu werden. So scheint es. Und doch erhebt das Gewissen auch Widerspruch gegen das, was von außen an dasselbe herantritt, gegen die Volkssitte oder den Staatsbefehl oder die kirchliche Vorschrift und Lehre ꝛc.? Also hat das Gewissen seinen besonderen Inhalt und empfängt ihn nicht von außen? Wol berief sich Antigone auf die hochheiligen Gesetze. Aber woher stammten diese? Waren sie nicht selbst Ausdruck des Gewissens? Wol beriefen sich die ersten Christen in ihrem Widerstand gegen den Staatsbefehl, oder Luther gegen Kaiser und Papst auf das Wort Gottes und sein darin gebundenes Gewissen. Aber warum hat er sein Gewissen mit dem Worte Gottes erfüllt? War es nicht, weil sie beide einander Zeugniß gaben und zusammenstimmten? Und wenn ich durch Sitte oder Unterricht und Erziehung sittliche Grundsätze und Lehren mir aneigne und zum Inhalt meines eigenen sittlichen Bewußtseins und zu meiner Ueberzeugung mache: wie komme ich dazu, wenn nicht darum, weil sie zusammenstimmen mit meinem Gewissen? Also muß in uns etwas Analoges sein zu dem, was wir annehmen. Wir müssen in uns wenigstens, das ist das nächste, einen Sinn haben für die sittlichen Anschauungen, die wir uns aneignen. Das Gewissen ist dieser Sinn für das Sittliche. Wie das Auge der Sinn ist für die Welt des Lichts und das Ohr für die Welt der Töne, so ist das Gewissen der geistige Sinn für die Welt des Sittlichen. Dann aber muß es auch, das ist das andere, gleichartig sein dem, wofür es ist. Wäre nicht das Auge sonnenhaft, wie könnte es die Sonne schauen? Nur Gleiches kann von Gleichem erkannt werden, ist ein Satz der alten Philosophie. Also unser Gewissen nimmt das Sittliche außer ihm nur darum auf und macht es sich zu eigen und zu seinem Inhalt und Gesetz, weil es demselben verwandt und gleichartig ist.

Aber in welchem Sinn ist es ihm gleichartig? Das Auge ist das Organ für das Licht, aber es trägt nicht selbst Licht in sich. Das Ohr ist das Organ für die Töne, aber es trägt nicht selbst Töne in sich; es sind nur die Aether- und Luftschwingungen von außen, welche sich dem Auge und Ohr als Licht und Ton mittheilen. Ist auch das Gewissen nur in gleicher Weise Organ des Empfangs ohne selbstthätig zu sein? Ist es nur der Resonanzboden, der in Bewegung gesetzt wird? Das Gewissen ist nicht eine Sache wie ein leibliches Organ, sondern es ist unser eigenes geistiges Wesen nach seiner sittlichen Seite. Unser Geist aber trägt eine eigene Welt in sich, die nur eben gleichartig ist der äußeren. Unser Geist ist nicht ein leerer Raum, der erst erfüllt werden muß, nicht ein weißes Blatt Papier, das erst beschrieben wird. Wir tragen, mit dem Philosophen Jacobi zu reden, die Vokale in uns, ohne welche die Konsonanten der Welt außer uns sich uns nicht zu sinnvollen Worten gestalten würden. Also das Gewissen ist der Sinn für das Sittliche, aber nicht ein inhaltleerer, sondern es trägt selbst einen gewissen Inhalt in sich. Die Erfahrung bestätigt dies. Woher käme auch bei aller Verschiedenheit im einzelnen doch die große Uebereinstimmung in den wesentlichen Grundzügen unter den verschiedenen Völkern, wenn nicht etwas Gemeinsames zu Grunde läge?

Worin besteht nun dieses Gemeinsame? Vor allem in der inneren Forderung, daß wir uns in allen Verhältnissen pflichtgemäß verhalten sollen. Aber welches ist nun dieses pflichtgemäße Verhalten? Gibt es darüber keine Uebereinstimmung unter den Völkern? Darin stimmen alle überein, daß wir die höheren Mächte des Lebens, von denen wir uns unwillkürlich bedingt fühlen und wissen, als Autoritäten für unser Verhalten bestimmend sein lassen sollen. Es ist der Sinn und die Forderung der Pietät gegen jene Mächte des Lebens, die Gottheit zunächst und diejenigen Autoritäten sodann, durch welche jene Abhängigkeit sich vermittelt: die Aeltern und Angehörigen der Familie und des Volkes und die Grundgüter und -Ordnungen des menschlichen Lebens. Dieser Sinn und Forderung ist ein Gemeinbesitz der Menschheit. Freilich ist auch diese Erkenntniß vielfach getrübt, verkehrt und verderbt. Wie wäre das auch anders möglich bei der Macht, welche die Sünde über das Denken und Wollen der Menschen gewonnen hat? Aber die Grundlinien jener Erkenntniß scheinen doch auch durch alle Trübung und Verzerrung hindurch. Freilich ist es nicht ein ausgeführter Kodex von einzelnen Gesetzesbestimmungen und Pflichtvorschriften, den wir in uns tragen. Unsere einzelnen Pflichten müssen wir uns sagen lassen und lernen. Aber sie müssen sich ein- und unterordnen unter jenes allgemeine Pflichtbewußtsein, welches den Inhalt des Gewissens bildet. Von jeher hat man in der kirchlichen Theologie die zehn Gebote als Ausdruck des uns einwohnenden Gewissensgesetzes anzusehen gepflegt. Allerdings hat kein Sittenkodex sich so bewährt vor dem unmittelbaren sittlichen Bewußtsein, und ist infolge dessen sittlicher Gemeinbesitz der christianisirten Menschheit geworden. Aber wir werden nicht sagen dürfen, daß die einzelnen Forderungen des Dekaloges selbst den Inhalt des Gewissens bilden. Denn wenn dem so wäre: warum ist es nur in Israel zu diesen zehn Geboten gekommen und nur durch Offenbarung? Nur die Grundzüge davon liegen in uns. Aber diese Grundzüge müssen entwickelt und entfaltet werden. Es ist mit dem sittlichen Bewußtsein ähnlich wie mit dem religiösen Bewußtsein. Ein gewisses allgemeines Wissen von Gott wohnt einem jeden von Haus aus ein. Aber es kommt nicht zur Entfaltung, wenn es sich selbst überlassen wird. Dazu aber gehören wir der sittlichen Gemeinschaft an, des Hauses, des Volkes und Staates, der Schule, der religiösen Gemeinschaft, der gesammten sittlichen Lebensordnung, die uns umgibt, damit die Keime, die in uns liegen, zur Entfaltung kommen. In diesem Sinne also gilt, daß wir ein sittliches Gesetz in uns tragen und das Gewissen von vornherein einen Inhalt habe.

Woher haben wir diesen? Woher stammt dies Gesetz in uns? Das ist die Frage nach dem Ursprung des Gewissens und seines inneren Gesetzes. Alles was lebt, trägt ein Gesetz seines Wesens in sich. Die Pflanze, das Thier 2c. Da sie Naturwesen sind, so ist es ein Naturgesetz ihres Wesens und Lebens. Der Mensch aber ist nicht blos Naturwesen, sondern als Persönlichkeit auch ein sittliches Wesen. Sofern wir also sittliche Persönlichkeiten sind, tragen wir das Gesetz dieses unseres sittlichen Wesens in uns. Und dies gibt sich uns unwillkürlich kund. Das Gesetz des Gewissens also ist das Gesetz unseres eigenen sittlichen Wesens. Es hat also seinen Ursprung in uns selbst. Also, sagt Kant, ist es autonom, d. h. es ist sich selbst und allein Gesetz, es ruht lediglich auf sich selbst. Wir empfangen unser Gesetz nicht von außen. Er verkündigte die Selbstherrlichkeit unseres eigenen inneren Sittengesetzes. Die Folge davon ist die Unabhängigkeit der Moral von der Religion. Aber das heißt zu rasch geschlossen. Wol ist das Sittengesetz in uns das Gesetz unseres eigenen sittlichen Wesens. Aber eben unser sittliches Wesen verknüpft uns mit der gesammten sittlichen Weltordnung und schließlich mit Gott. Wir stehen ja nicht für uns allein. Wir haben nicht unseren Ursprung in uns selbst und haben nicht unser letztes Ziel in uns selbst. Als sittliche Wesen haben wir einen sittlichen Zweck unseres Daseins; mit diesem aber sind wir eingeordnet in den ganzen Zusammenhang der sittlichen Welt und ihres höchsten sittlichen Zweckes. So spiegelt sich in uns das Gesetz der sittlichen Weltordnung überhaupt wieder. Das Sittengesetz in uns ist nicht blos das Erzeugniß unseres eigenen sittlichen Wesens, sondern zugleich der sittlichen Weltordnung außer uns, in die wir hineingestellt und verflochten sind, und die in einem jeden Einzelnen ihr Abbild findet. Die sittliche Welt aber und ihre Ordnung hat ihren Grund und ihr Ziel in Gott und seinem sittlichen Willen. In ihm schließt sie sich zur Einheit zusammen. So knüpft uns also das Gewissen mit Gott zusammen. In ihm also liegt der letzte Ursprung des Gewissens. Das Gewissen ist zwar nicht die Stimme Gottes selbst, wie man es gewöhnlich bezeichnet. Es ist die Stimme unseres eigenen Geistes, in welcher das Gesetz der sittlichen Welt ihren Wiederklang findet. Aber dies alles ist doch getragen vom Willen Gottes; und so vernehmen wir durch alles hindurch schließlich doch die Stimme Gottes. Man hat die Lehre vom Gewissen vielfach gebraucht, um die Moral von der Religion und den Menschen von Gott zu lösen und auf die eigenen Füße zu stellen. Und gerade das Gewissen ist es, welches den Menschen mit Gott verknüpft und die Sittlichkeit mit jener höheren Welt verbindet, in welcher der Ursprung der sittlichen Weltordnung auf Erden und in der Geschichte der Menschheit ist.

Es ist eine psychologische Thatsache — ein jeder hat diese Erfahrung gemacht — daß die Gewissensforderung uns mit unbedingter Autorität entgegentritt; und wo man das Gewissen anerkennt, schreibt man ihm solche Autorität zu. Wie nun? Wie kann das Gewissen unbedingte Autorität haben, wenn sein letzter Ursprung nur in uns und in dieser Welt der Bedingtheit und nicht in der Welt des Unbedingten liegt? Ist das Gewissen blos menschlichen Ursprungs, etwa nur Ausdruck sozialer Triebe oder Erzeugniß eigener Vorstellungen oder der positiven gesellschaftlichen Anordnungen und dergleichen, wie kann es uns dann mit absoluter Autorität und Macht entgegentreten? Das Gewissen fordert aber unbedingten Gehorsam, und wenn die eigene Existenz geopfert werden muß und sonst darüber brechen mag, was nicht mit ihm bestehen will. Selbst das irrende Gewissen ist — wenigstens im Bereich der christlichen Denkweise und ihrer Anerkennung der sittlichen Persönlichkeit und ihrer selbständigen Verantwortlichkeit gegen Gott — mit jener Majestät bekleidet, der aller eigene Wille sich beugen muß. Wie wäre das, wenn seine letzten Wurzeln nicht in der höchsten Majestät lägen, vor welcher alles sich beugen muß?

Darin liegt denn auch die Gewalt seiner Bezeugungen. Und vor allem des anklagenden Gewissens. So mögen denn über die Macht des Gewissens im Schuldbewußtsein ein paar Worte hier verstattet sein. Das Gewissen ist ein Besitzthum des natürlichen Menschen, das ihm geblieben ist. Die Poeten sind die Propheten des natürlichen Menschenherzens. Kein Poet ist größer in der Schilderung der Macht des Gewissens als Shakespeare. So viel man an seiner dramatischen Kunst und Sprache aussetzen mag: das macht ihn zum größten Dramatiker von allen, daß keiner so wie er die Geschicke des Lebens mit der verborgenen Schuld verknüpft und diese Schuld auf ihren letzten geheimen Ursprung zurückgeführt, und keiner so wie er die Macht des Schuldbewußtseins zu schildern verstanden hat. In der nachtwandelnden Lady Macbeth, welche immer die Blutflecken vor

Augen hat und vergebens zu entfernen sucht, tritt das leibhaftige Gewissen vor uns, das immer wacht, auch wenn wir schlafen; und in dem dämonischen Richard III. sehen wir seine zertrümmernde Gewalt, die auch den Trotz eines solchen Gewaltigen, wie er war, bricht und ihn zum Verzweifeln zwingt, wenn im Traum der Nacht alle die Geister der von ihm Gemordeten vor ihm erscheinen und seine Seele mit der Last seiner Schuldthaten beladen; und er erwacht mit dem Aufschrei: „Erbarmen Jesus"! und versucht dann sich alles auszureden, aber um schließlich vor sich selbst zu schaudern.

>„Ich bin ein Schurke — doch ich lüg, ich bin's nicht.
>Thor rede gut von Dir! Thor schmeichle nicht!
>Hat mein Gewissen doch viel tausend Zungen,
>Und jede Zunge bringt verschiednes Zeugniß,
>Und jedes Zeugniß straft mich einen Schurken.
>Meineid, Meineid im allerhöchsten Grad,
>Mord, grauser Mord im fürchterlichsten Grad,
>Jedwede Sünd in jedem Grad geübt
>Stürmt an die Schranken, rufend: Schuldig! schuldig!
>Ich muß verzweifeln."

Man kann aus Shakespeare eine ganze Lehre vom Gewissen zusammenstellen, und auch das Beste kennt er: auf welchem Wege das böse Gewissen zu einem guten werden kann: die Gnade der Vergebung.

Und das führt uns zur letzten kurzen Betrachtung: zur Geschichte des Gewissens. Denn nicht blos die Lehre vom Gewissen hat eine Geschichte gehabt, sondern das Gewissen selbst auch. Denn nachdem die Erkenntniß vom Gewissen auf dem Wege des Lebens gewonnen worden, wurde sie dann auch von den Philosophen aufgenommen und besonders von der stoischen Popularphilosophie der späteren Zeiten fleißig getrieben. Cicero, der Vermittler der Popularphilosophie, redet überaus oft von ihm. Da die anderen Mächte des Lebens gefallen waren, erschien das Gewissen als die letzte Zuflucht des öffentlichen Lebens und des eigenen Gemüthes. Und die folgenden Philosophen wie Seneka stellten mannichfache Untersuchungen darüber an, über die Bedeutung des Gewissens und über den Werth des guten Gewissens. Aber neben diesen Untersuchungen ging die Wirklichkeit des Gewissens im Leben ihre eigenen Bahnen. Und da ist es nun eine eigenthümliche Erscheinung, daß in dem Maße, als die alte Zeit zu Ende geht und dem Eintritt des Christenthums sich nähert, die Zeugnisse von der Unruhe und Qual des Gewissens sich häufen bis zu den er-

schütternden Schilderungen des bösen Gewissens oder einer krankhaften
Gewissensangst. Die römischen Dichter wie Juvenal schildern die
Qual derer

> Die schändlichen Frevels Bewußtsein
> Stets in Entsetzen erhält und mit schweigenden Streichen zerfleischet,
> Da ja die Geisel geheim als Peiniger schwinget die Seele.
> Aber die Straf ist hart und viel grausamer als jene,
> Die des Cädicius Streng und die Rhadamanthus ersinnet,
> Mit sich tages und nachts in der Brust zu tragen den Zeugen.

Der Geschichtschreiber Tacitus aber hat uns den Anfang eines
Briefes des Kaisers Tiberius an den römischen Senat aufbewahrt, der
uns in die innere Unruhe dieses schuldbeladenen Gewissens blicken läßt
("Annalen", VI, 6). Und Plutarch, der Philosoph, hat eine Schrift
über die Deisidämonie, über die Götterfurcht, geschrieben, in welcher
er den Zustand der krankhaft geängsteten Gemüther in Farben schildert,
die aus dem Leben genommen sein müssen, uns aber in höchstem Grade
merkwürdig erscheinen, die wir immer von der Heiterkeit des antiken
Lebens zu hören gewohnt sind. „Laß mich", antwortet ein solcher
auf den Zuspruch in Leid oder Krankheit, „laß mich büßen als einen
Gottlosen, als einen verruchten Menschen, der Göttern und Dämonen
verhaßt ist." Draußen, so schildert er ihn, sitzt er im Sack, oder in
schmutzige Lumpen gehüllt; oftmals entblößt im Kothe sich wälzend
redet er seine Vergehen und Sünden her, wie er dies gegessen oder
getrunken, wie er einen Weg gegangen, den ihm sein Genius unter-
sagt 2c. Wir wissen ja auch, wie das zu Ende gehende Heidenthum
alle möglichen Kulte aufgesucht und gepflegt, um durch die mannichfaltigsten Weihungen und Sühnungen den Frieden eines guten Gewissens zu suchen. Aber vergebens.

Da war es das Christenthum, welches die Versöhnung in Christo
und „den Bund eines guten Gewissens mit Gott" predigte und brachte
und im heiligen Geist ihm die Klarheit und Sicherheit verlieh, die
ihm auch das Gesetz Israels nicht zu verleihen vermochte.

In den Schriften der Kirchenlehrer der folgenden Zeit finden
wir viele Stellen, in denen die Seligkeit eines guten Gewissens ge-
schildert wird. Es wird mit den Annehmlichkeiten des Paradieses
verglichen. Aber wenn fortgefahren wird, daß dies Paradies mit den
mannichfaltigen Bäumen der guten Werke bepflanzt sei, so war damit
der Anlaß zu neuer Gewissensunruhe gegeben. Denn wann reichen
die guten Werke aus? Und so wiederholt sich gegen den Ausgang

des Mittelalters eine ähnliche Erscheinung wie am Ausgang der alten Welt, nur daß sie gemäßigter ist als dort, weil doch in dem Irrthum der guten Werke die evangelische Wahrheit nicht ganz untergegangen war. Aber doch war die Unruhe des Gewissens eine weitverbreitete. Wir begnügen uns statt vieler anderen und bekannten Zeugnisse an Dürer's Erzählung vom Tode seiner Mutter zu erinnern, die er als eine sehr fromme gottselige Frau schildert; aber ihre guten Werke und ihre Heiligen konnten ihr nicht von der Unruhe und Angst der letzten Stunden helfen. Wenn aber Dürer in seinem Brief an Spalatin von 1520 von Luther sagt, daß er ihm durch seine Schriften „aus großen Nöthen geholfen", so meint er damit doch wol eben dies, daß ihm Luther's Predigt den Weg eines guten Gewissens gezeigt habe. Wir wissen ja, daß Luther's evangelische Erkenntniß und Predigt selbst aus der Gewissensangst geboren ist. Und unsere Bekenntnisse setzen den größten Werth und Ruhm der evangelischen Wahrheit eben darein, daß sie den rechten Gewissenstrost lehre und gebe. So hat mit der Reformation eine neue Zeit des guten Gewissens begonnen. Das gute Gewissen soll aber dann die Mutter der rechten christlichen Gewissenhaftigkeit sein; denn es soll die Macht der Dankbarkeit gegen Gott sein, die sich in gewissenhafter Pflichterfüllung erweist.

Wenn etwas bedenklich ist und für die Zukunft sorglich machen kann, so ist es die Abnahme des Gewissens in weiten Kreisen. Denn wo dieses schwindet: wie soll der Bau der sittlichen Gesellschaft bestehen? Darum ist es vor allem nöthig das Gewissen rege zu machen und zu stärken. Wo aber dieses lebendig ist, da ist es der Führer zu Christus. Denn wie es vom Gesetz des Alten Bundes galt, daß es der Pädagog, der Zuchtmeister auf Christum war, so ist dem natürlichen Menschen hierzu das Gewissen von Gott gegeben, daß es diesen Beruf übe. Gott gebe, daß unser Volk ein Volk des Gewissens werde; dann wird es auch ein Volk des Evangeliums wieder werden, und damit wird auch alles wieder besser werden, was uns jetzt beschwert.

Die sittliche Würdigung des Berufs in ihrer geschichtlichen Entwickelung.

Es ist uns allen geläufig, ja selbstverständlich, die mannichfaltigen Arbeitskreise unter den Gesichtspunkt des Berufs zu stellen und ihnen gleiche sittliche Würdigung zutheil werden zu lassen. Dies ist nicht immer so gewesen. In der Antike, vor allem in der Zeit der ungebrochenen Antike war der staatliche Gesichtspunkt der maßgebende für das gesammte Leben und seine Thätigkeit. Für den staatlichen Verein zuhöchst galt der Einzelne als bestimmt; denn nur in ihm konnte er jene Eudämonie erreichen, in welche die Antike einstimmig das höchste Gut setzte.[1] So bemaß sich denn von hier aus die Würdigung des gesammten Lebens und aller einzelnen Glieder des Staatsvereins. Die geschichtliche Bedeutung, welche sie für diesen hatten, war maßgebend auch für ihre sittliche Würdigung. Wir erinnern uns wol alle noch aus unserer Jugendzeit der inneren Bewegung, mit der wir etwa jene Grabschrift vernommen, welche den Thermopylenkämpfern das Volk Lakedämons gesetzt, „weil in Gehorsam sie seine Gebote befolgt", oder der lebhaften Theilnahme, mit welcher wir den Thaten des Patriotismus gefolgt sind, an denen besonders die römische Geschichte so reich ist. Und das alte „dulce et decorum est pro patria mori" hat auch unter uns seine Kraft noch nicht verloren.

Aber so berechtigt der staatliche Gedanke ist und so bedeutsam die Stellung, welche er im gesammten Umkreis dieses Lebens und seiner sittlichen Würdigung einnimmt: der oberste und für alles maßgebende zu sein ist er doch nicht berechtigt und fähig. Er bezeichnet doch immer nur einen Ausschnitt des Lebens, nicht den ganzen Umfang desselben. Indem aber nach der geschichtlichen Stellung und Bedeutung, welche die Einzelnen für den Staatsverband haben, auch die sittliche

---

1) Vgl. z. B. Aristoteles, „Nikomachische Ethik", I, 4, 2.

Würdigung ihrer Person und ihrer Lebensaufgabe sich bestimmt, wird ihre Werthung nothwendig unrichtig und ungerecht. Es sind bekannte Thatsachen, an die wir uns hierbei erinnern. Geringer ist nach Aristoteles die Tugend des Weibes oder des Kindes oder des Unfreien als die des freien Bürgers,[1] und die Arbeit steht in ihrem sittlichen Werth tief unter der politischen Thätigkeit.[2] Der blos staatliche Gesichtspunkt ist nicht im Stande den Gedanken des Berufs und der sittlichen Gleichheit des Berufs bei aller geschichtlichen Ungleichheit desselben zur Anerkennung zu bringen, schon um deswillen, weil er nicht die Erkenntniß der sittlichen Gleichheit der Persönlichkeit in sich schließt. Die H. Schrift sagt einmal: vor Gott ist kein Ansehen der Person, d. h. vor ihm, an diesem höchsten Maßstab gemessen sind alle gleichwerthig. Aber in der menschlichen Gesellschaft ist allerdings Ansehen der Person und muß sein, d. h. für ihre Zwecke und Aufgaben sind nicht alle gleichwerthig. Indem die Antike diesen Maßstab zum absoluten erhob, hat sie die natürlichen und geschichtlichen Unterschiede auch zu sittlichen gemacht und sich damit die Möglichkeit einer richtigen sittlichen Würdigung auch des irdischen Berufs verbaut.

Aber sollte es nicht noch eine höhere Stufe des Lebens und einen höheren Standort seiner Beurtheilung geben? Allerdings, sagt z. B. Aristoteles, die Erkenntnißtugenden, die s. g. bianoötischen, stehen höher als die ethischen, d. h.: höher als das thätige Leben im Staatsverein steht das Leben der Betrachtung.[3] So wird der Philosoph zum Ideal. Die philosophische Betrachtung aber fordert Muße und Enthaltung von der Unruhe des thätigen Lebens.[4] So erscheint dieses demnach nicht sowol als der Schauplatz denn vielmehr als die Schranke für die Verwirklichung des Ideals. Diese Gedankenreihe führt konsequent dazu, die sittliche Würdigung des Berufslebens zu verneinen. Dies also ist die Konsequenz der antiken Betrachtungsweise.

Allerdings bezeichnet die Stoa insofern einen Fortschritt, als sie

---

1) Vgl. z. B. „Politik", I, 5.
2) Vgl. z. B. „Politik", III, 3. Cicero, De officiis I, 42.
3) Z.B. „Nikomachische Ethik" X, 7. Aristoteles gibt hier nicht weniger als sechs Gründe an, warum das Leben der Betrachtung das edelste und beseligendste sei.
4) „Nikomachische Ethik", X, 7, 6. Die Glückseligkeit liegt in der Muße: die Thätigkeit des Politikers aber gestattet keine Muße; 7, 7 die denkende Vernunftthätigkeit als beschauliche geht an Würde voran; 7, 8 ein Leben im reinen Denken ist, verglichen mit dem menschlichen Leben, ein göttliches. X, 8, 1. In zweiter Linie steht dasjenige glückselige Leben, welches die Ausübung der übrigen Tugenden gewährt: Handlungen der Gerechtigkeit und der Tapferkeit 2c. Dies sind aber, wie man sieht, lauter menschliche Dinge.

nicht blos beim einzelnen Staatsverbande stehen blieb, sondern die Idee des allgemeinen Weltverbandes zu Grunde legte und von da aus die Aufgabe des Einzelnen bestimmte. Diese Denkweise ist vielfach in die allgemeine Bildung übergegangen. Vielleicht ihren schönsten Ausdruck hat sie in den Meditationen des kaiserlichen Philosophen Mark Aurel gefunden. Aber bei allem Schönen, ich bekenne zuweilen überraschend Schönen, was diese Meditationen enthalten: die Stimmung, welche durch sie hindurchgeht, ist die der Resignation, welche die letzte Antwort auf die Räthsel des Lebens in der Betrachtung sucht, wie alles Einzelne sich im Allgemeinen auflöse.[1] Damit aber hört die Wirklichkeit auf, ein Objekt der Ueberwindung durch die Arbeit zu sein. Der Blick Mark Aurel's ist stetig auf den Tod gerichtet, der alles Einzelne in immer andere Formen wandelt;[2] aber er weiß von keiner Zukunft, in welcher das Ziel alles Strebens erreicht werden soll. Wer aber nichts besseres kennt, als jene Stimmung der Resignation, dem sind von vornherein die Flügel gelähmt, und vollends wessen letztes Wort, wie auch bei Mark Aurel, jenes bekannte „patet exitus", d. h. der Selbstmord ist,[3] der verneint damit den Gedanken eines Berufs, für dessen Erfüllung wir sittlich verantwortlich sind.

Diese Denkweise aber, welche darauf verzichtet, der Wirklichkeit Herr werden zu können, verlor sich entweder in jene Gestalten der Kyniker, welche das Ideal in die Verachtung des äußeren Lebens und seiner Thätigkeiten setzten, diese „Bettelmönche" der ausgehenden Antike, oder in den Enthusiasmus der Neuplatoniker, welcher das Ideal auf dem Wege unmittelbarer Anschauung des Göttlichen zu erreichen meinte: der Vorläufer späterer Erscheinungen der mystischen Ekstase.

Zweifach also, um das Gesagte zusammenzufassen, ist die Stufe der Antike: entweder stellt sie das Leben unter den Gesichtspunkt des Staatsbürgers, oder unter den des Philosophen. Jenes ist die herrschende Betrachtungsweise der Menge, dies die Denk- und Lebensweise einer Auswahl. Keine von beiden wird dem Gedanken des Berufs gerecht und gelangt zur sittlichen Würdigung desselben.

Es ist das Unterscheidende des Christenthums, daß es dem gesammten Leben eine durchgängige persönliche Beziehung zu Gott gegeben hat und von diesem Gesichtspunkte aus alle Lebensverhältnisse und Lebensthätigkeiten werthet.[4] Damit ist ein Standort gewonnen, der

---

1) Z. B. „Εἰς ἑαυτόν". II, 14; IV, 5.
2) Z. B. IV, 37, 43, 46, 47, 48 u. ö.   3) V, 29.
4) Denn ἐξ αὐτοῦ καὶ δι' αὐτοῦ καὶ εἰς αὐτὸν τὰ πάντα Röm. 11, 36.

eine umfassende Würdigung des gesammten Lebens ermöglicht. Ist es derselbe höchste Wille, der einem jeden gleicherweise seine Stellung und seine Aufgabe in dieser Welt angewiesen hat,[1] so steht auch jede irdische Lebensaufgabe, so verschieden sie auch sein möge und so verschieden ihre geschichtliche Bedeutung, gleicherweise in Beziehung zu ihm wie in Beziehung zu jener höchsten Aufgabe der Menschheit, welche wir mit dem Namen des Reiches Gottes bezeichnen. So ist also durch die Beziehung der irdischen Lebensaufgabe auf jenen höchsten Willen die rechte sittliche Würdigung desselben ermöglicht und gegeben. Das ist die Denkweise, wie sie das Christenthum zur Geltung brachte.

Wir machen öfter die Beobachtung, daß, wenn ein neues Prinzip in die Geschichte hereintritt, sich dieses Prinzip zuerst mit einer gewissen Einseitigkeit und Ausschließlichkeit geltend macht, sobaß es dem übrigen Leben abstrakt gegenüberzustehen und die Entwickelung der Geschichte mehr zu verneinen als zu erfüllen scheint. Wir werden uns nicht wundern dürfen, wenn sich diese Erscheinung auch hier wiederholt. Die Beziehung auf Gott, welche das Christenthum dem gesammten Leben gab, konnte leicht mit einer solchen Ausschließlichkeit geltend gemacht werden, daß darüber die Bedeutung, welche das neue Prinzip für das irdische Leben hat, den Augen entschwand, und es nicht die rechte Bejahung, sondern die Verneinung desselben zu sein schien. Und es war ja auch durch den ganzen Zustand der damaligen Welt genugsam veranlaßt, daß die Christen zu ihr mehr eine negative als eine positive Stellung einnahmen. Wir wissen aber, wie leicht man dazu kommt, Thatsachen in Prinzipien zu übersetzen.

Wenn wir die Aeußerungen der kirchlichen Schriftsteller der ersten Jahrhunderte über die Stellung der Christen zu den irdischen Lebensverhältnissen überblicken, so sehen wir, wie schwankend ihr Urtheil darüber war und wie sehr es der nöthigen Sicherheit ermangelte. Ich hebe als Beispiel nur einen, allerdings einen vor anderen asketisch gestimmten, den Afrikaner Tertullian (um 200) heraus und will nur mit wenigen Worten seine Stellung zu den drei großen Gebieten, die uns vor allem interessiren, Haus, Staat und Kulturleben charakterisiren. Wir haben die schönste Schilderung des christlichen Hauses von ihm, welche die volle sittliche Würdigung der Ehe erkennen läßt,[2] ganz anders als es in der Antike der Fall war, in welcher je länger je mehr Wirklichkeit und Urtheil in schneidendem Widerspruch zur sittlichen

---

1) Vgl. 1 Kor. 7, 17—24; 10, 31: πάντα εἰς δόξαν θεοῦ ποιεῖτε.
2) „Ad uxorem", II, 9,

Natur und Aufgabe dieses Verhältnisses stand. Und doch wieder stellt er die Ehelosigkeit in einer Weise sittlich hoch, daß dies einer Verkennung der sittlichen Würde der Ehe gleichkommt.¹ Ferner trotz der Mißhandlungen, welche die Christen von der römischen Staatsgewalt zu erfahren hatten, klingt doch auch bei diesem schroffen Afrikaner das „civis Romanus sum" durch, und vom Kaiser schreibt er: er gehört mehr uns Christen an als euch; denn wir beten für ihn.² Und doch wieder meint er, daß den Christen nichts ferner liege als Politik,³ und die Bekleidung von Staatsämtern wie der Kriegsdienst erscheint ihm unverträglich mit dem christlichen Bekenntniß.⁴ Was aber das Kulturleben betrifft, so schließt er die Christen von einer ganzen Anzahl von Berufsthätigkeiten aus,⁵ die Philosophen verachtet er als Schwätzer, welche nur den unmittelbaren Wahrheitssinn verkehren,⁶ und der Pflege des Schönen in der Kunst stellt er in schroffer Weise die Idee des Heiligen gegenüber.⁷

Allerdings dürfen wir nach solchen Aeußerungen nicht ohne weiteres die Wirklichkeit beurtheilen. Wir sehen nicht blos die Ehe unter den Christen in vollen Ehren und Würden und in einer damals sonst unbekannten sittlichen Reinheit, sodaß der heidnische Rhetor Libanius, als ihm Chrysostomus von seiner Mutter erzählte, voll Bewunderung ausruft: Was haben die Christen doch für Frauen! Wir finden die Christen auch zahlreich in Staats- und Militärdienst und in den mannichfaltigsten Berufskreisen; und daß auch die künstlerische Verwendung des Schönen ihnen nichts Fremdes war, dafür haben wir zahlreiche Zeugnisse bis in die frühesten Zeiten zurück. Aber zu einer rechten Sicherheit des Urtheils über dies ganze Gebiet des irdischen Berufslebens wollte es doch lange Zeit nicht kommen.

Man glaubte sie zu gewinnen, indem man in eigenthümlicher Weise den Vorgang der Antike erneuerte. War man doch aus dem Gedankenkreis antiker Anschauungen herübergekommen. Zwei Stufen des Lebensverhaltens hatte die Antike unterschieden, die des Staatsbürgers und die des Philosophen. An die Stelle des Staates trat die Kirche, und,

---

1) „De exhortatione castitatis", c. 9: „virginis principalis sanctitas." „De velandis virginibus", c. 10 die Ehe ist eine „contumelia communis." „Apologeticus", c. 9.
2) „Apologeticus". c. 30—33.   3) „Apologeticus", c. 38.
4) „De corona militum", c. 11.
5) Beide Seiten: Kulturgemeinschaft und Zurückgezogenheit „Apologeticus", c. 42.
6) „Apologeticus", c. 46.
7) Z. B. „De spectaculis", besonders c. 15. 23.

so befremdlich uns dies im ersten Augenblick erscheinen mag, den Philosophen sah man im Mönche verwirklicht.

Es gehörte zu den Aufgaben der ersten christlichen Jahrhunderte, der Kirche eine feste Stätte inmitten der irdischen Verhältnisse zu bereiten. Dies forderte eine ausgebildete Organisation der Kirche. So konnte man in diesem Gemeinwesen eine Parallele zum staatlichen Gemeinwesen sehen. Wenn schon griechische Kirchenlehrer meinten, die Christen hätten nicht nöthig, nach Staatsstellungen zu trachten, sie sollten lieber Kirchenämter suchen, so mußten solche Gedanken auf dem Boden der lateinischen Kirche des Abendlandes noch viel mehr eine Heimat finden. Das große Organisationstalent des römischen Geistes kam der Ausbildung der Kirche zugute und fand hier ein reiches Feld. Römische Beamte, wie Ambrosius, wurden Beamte der Kirche, und auf dem Bischofsstuhl Roms hat der römische Herrschergeist je und je seine Vertreter gehabt. Augustin aber hat in seinem Lebenswerk „De civitate dei" den Gedanken ausgeführt, wie neben dem weltlichen Reich des Staates, das in der Herrschsucht seinen Ursprung und im römischen Reich seine höchste Verwirklichung habe, von Anfang an auf Erden der Gottesstaat hergegangen, welcher seine Wirklichkeit an der Kirche besitze. So erschien die Kirche als ein Staat, welcher die höhere Wahrheit des römischen bildet. Hier haben wir bereits vollständig die Grundlagen der mittelalterlichen Anschauung.

In dem Maße nun, als die Fugen des Reichs unter den Stürmen der Zeit sich lösten, hat das Gebäude der Kirche sich gefestigt. Bei der tiefen Erschütterung der Gemüther, welche z. B. Alarich's Eroberung und Plünderung Roms im J. 410 weit in die Provinzen hinaus hervorrief, schien die Kirche allein noch der Halt und Hort der Zukunft zu sein. Der Herrschaftsberuf Roms schien auf die Kirche übergegangen; das alte stolze „tu regere imperio populos Romane memento" galt nun von ihr. So ist aus dem alten römischen imperium die römische Kirche, aus dem antiken pontifex maximus der christliche geworden, und an die Stelle der staatlichen Würdigung des Lebens trat nun die kirchliche. Aus dem staatlichen Gehorsam als der obersten Pflicht wurde der kirchliche, und die staatliche Sittlichkeit der Antike setzte sich in die kirchliche Sittlichkeit um. Das ist die Erneuerung der ersten Stufe der antiken Lebenswürdigung auf dem Boden der Kirche, als der Maßstab für das gewöhnliche Leben der christlichen Menge.

Wie sich nun aber dort über dem Staatsbürger und seinen staatsbürgerlichen Tugenden der Philosoph erhob und die höhere sittliche

Stufe philosophischer Tugendübung, wie sie nur einer aristokratischen Auswahl verstattet ist, so erhebt sich hier über der sittlichen Stufe der kirchlichen Menge die höhere sittliche Stufe der aristokratischen Auswahl des mönchischen Standes. Schon in der ausgehenden Antike war Philosophie Ausdruck für eine besondere Lebensweise geworden, die sich von der der Menge abhob. Was nun die stoischen und kynischen Philosophen erstrebten, das schien seine höhere Wirklichkeit in der Zurückgezogenheit und Enthaltung vom gewöhnlichen Leben und seinen Gütern und Genüssen zu finden, wie man sie hier zuerst innerhalb der übrigen Gesellschaft übte, mit oder ohne den Philosophenmantel, bald aber durch die äußere Flucht aus der Gemeinschaft und dem Verkehr mit den übrigen Menschen zu sichern suchte. Auf diesem Wege glaubte man die stoische Höhe des perfectum im mönchischen status perfectionis zu erreichen. Hatte man früher etwa das Christenthum selbst zuweilen als Philosophie, als die Philosophie schlechthin bezeichnet, so waren es nun die Mönche, welche Philosophen hießen. Bis weit herunter erhielt sich in der griechischen Kirche dieser Sprachgebrauch.[1] Von der griechischen Kirche aber übertrug sich dieses Ideal des Lebens in die abendländische,[2] und wenn man auch hier mehr als es dort der Fall war mit der Beschaulichkeit die thätige Arbeit verband,[3] so war es doch wesentlich die negative Stellung zu den Aufgaben des wirklichen Lebens, die in dieser Lebensweise ihren Ausdruck fand. Können wir es auch verstehen, wie man dazu kommen konnte, die Einsamkeit des Sinai oder der nitrischen Wüste dem Treiben am verrotteten byzantinischen Hof[4] oder auch den versumpften Zuständen der abendländischen Provinzen vorzuziehen,[5]

---

1) Z. B. Gregor von Nyssa im Leben seiner Schwester Makrina: ἐμφιλόσοφος καὶ ἄϋλος τοῦ βίου διαγωγή (184 C); τοσοῦτον τὸ ὕψος τῆς φιλοσοφίας καὶ ἡ σεμνὴ τῆς ζωῆς πολιτεία (184 D) u. ö. Oder Chrysostomus, „De comparatione regis et monachi", I, 116 fg. von den Mönchen: τῶν φιλοσοφούντων ὁ βίος καὶ τῶν τὴν μονήρη δίαιταν ἠρημένων u. oftmals. Stäudlin, „Geschichte der Sittenlehre Jesu" (Göttingen 1799—1823), III, 239 von Chrysostomus: „Bei seiner Schilderung des echten Mönchthums schwebt ihm unstreitig oft der stoische Weise vor". Aehnlich Isidor von Pelusium: „Die neue Philosophie des Evangeliums", IV, 11 (Stäudlin a. a. O., III, 267) u. a.
2) Vgl. Augustin's Lobrede besonders auf die ägyptischen Mönche: „De moribus ecclesiae catholicae et de moribus Manichaeorum", (I, 65 fg.; Opera, I, 528 fg.).
3) Der Empfehlung der Arbeit ist ausdrücklich die Schrift Augustin's „De opere monachorum" (Opera VI, 347 fg.) gewidmet.
4) Wie z. B. Nilus seine angesehene Lebensstellung in Konstantinopel aufgab, um mit seinem Sohn sich als Mönch zum Sinai zu begeben, während seine Frau und Tochter in die ägyptische Wüste wanderten.
5) Wie wir sie aus Salvian's „De gubernatione dei" kennen lernen; vgl. z. B. VI, 8 fg.

es war doch eine üble Verkennung der nächsten Berufspflichten, wenn Schülerinnen des mönchseifrigen Hieronymus thränenlos ihr Haus und ihre Kinder in Rom verließen, um in der Abgeschiedenheit Bethlehems ein Leben höherer Heiligkeit zu führen.[1]

Dies ist denn nun auch die mittelalterliche Anschauung geworden. Entweder ist es der kirchliche Gesichtspunkt, welcher für die Beurtheilung und sittliche Werthung der irdischen Lebensgebiete und Thätigkeiten maßgebend ist; oder es ist die Zurückziehung vom gewöhnlichen irdischen Leben, worin die höhere Vollkommenheit gesetzt wird. Jenes ist die Sittlichkeit des gemeinen Christenlebens, dieses die Stufe der Auserwählten. In beiden wiederholen sich die beiden Stufen der Antike. Auf keiner von beiden kommt es zu einer richtigen Werthung des irdischen Lebensberufs und seiner sittlichen Würde.

Denn so wenig der staatliche Maßstab der Antike, da er nur einen Ausschnitt des Lebens bezeichnet, das ganze Leben zu umfassen vermocht hat, so wenig vermag es dieser kirchliche. Es kann doch nicht alles Thun kirchlich sein. Es bleibt doch ein großes Gebiet s. g. weltlicher Thätigkeiten übrig, welche nicht ohne weiteres danach gewürdigt werden können, ob sie dem äußeren Kirchenverbande dienen und sich unterordnen. Der Handel der Genuesen beruhte auf Verträgen mit den Ungläubigen des Orients, welche doch kirchlich als rechtlos galten. Künste und Wissenschaften hatten doch nicht blos kirchliche Aufgaben, und das Leben konnte nicht ohne eine Fülle von Berufsthätigkeiten weltlicher Natur bestehen: es kann nicht alles vom äußeren kirchlichen Gemeinwesen umspannt werden; noch weniger können alle Mönche werden: wo sollten von allem anderen zu schweigen schließlich die Mönche selbst herkommen?

Wie nun? Alle jene Gebiete und Thätigkeiten mußten sein. Aber nach jener Betrachtungsweise fragte sich: durften sie auch sein? Sie konnten etwa als erlaubt gelten, aber ob auch im vollen Sinn als sittlich berechtigt? als gleichberechtigt mit dem kirchlichen Dienst? Es schien nichts übrigzubleiben, als das Recht dieser Berufsthätigkeiten sich durch kirchliche Leistungen zu erkaufen, um ein gutes Gewissen dazu zu haben. Und doch zu einem wahrhaft guten Gewissen und zur vollen Sicher-

---

[1] Wie die römische Matrone Paula; vgl. Hieronymus in seinem Leben der heil. Paula, Kap. 6, wo von den Bitten und Thränen ihrer Kinder die Rede ist, wie sie aber „trockenen Auges zum Himmel blickend die Liebe zu den Kindern überwand durch ihre Liebe zu Gott. Sie wollte nichts wissen von ihrer Mutterschaft, um sich als Magd Christi zu bewähren".

heit, daß man damit auf gottgewiesenem und göttlich berechtigten Wege stehe, kam man nicht.

Es war die reformatorische Bewegung des 16. Jahrhunderts, welche durch ihre neugewonnene Erkenntniß vom Berufe zu einem guten Gewissen auch für die Arbeit des s. g. weltlichen Lebens verhalf. Diese Erkenntniß hat ihre Vorbereitung gehabt, wenigstens für das Gebiet des staatlichen Lebens. Vor allem waren es die Kämpfe Ludwig's des Bayern mit der päpstlichen Gewalt, welche hierfür von Bedeutung wurden.[1] Zur vollen Klarheit gebracht aber und durchschlagend wurde diese Erkenntniß doch erst durch Luther im Zusammenhang mit seiner centralen Erkenntniß von der Gerechtigkeit des Menschen vor Gott allein durch den Glauben, und zugleich dehnte er, was von der weltlichen Obrigkeit galt, auf das gesammte Gebiet des von Gott geschaffenen und geordneten weltlichen Lebens aus. Von ihm aus sind diese Gedanken Eigenthum der modernen Zeit überhaupt geworden.

Er wird nicht müde die Lehre vom Beruf zu predigen. Niemand ist ohne Beruf. Einem jeden hat Gott in dieser Welt eine Stellung angewiesen, aus welcher ihm seine Aufgaben erwachsen. In diesem Beruf hat er Gottes Willen zu erkennen, wie er ihm gilt, und in diesem Sinn seinen Beruf zu erfüllen. Alles unser Thun soll berufsgemäß sein. Und das ist die rechte Heiligkeit, daß wir um Gottes willen unseres Berufes warten, nicht, daß wir besondere Werke der Heiligkeit erdenken und die weltlichen Geschäfte meiden. So soll denn ein jeder wissen, daß er mit gutem Gewissen in seinem irdischen Berufe steht und eben darin Gott und seinen Gedanken dient.[2]

Von da aus gestaltet sich ihm nun auch der Organismus des sittlichen Lebens, innerhalb dessen einem jeden seine besondere geschichtliche

---

[1] Vgl. die Schrift „Defensor pacis" von Marsilius von Padua und Johannes von Jandun bei Gieseler, „Lehrbuch der Kirchengeschichte" (Bonn 1835—55), II, 3, S. 30 fg.

[2] Vgl. meine „Ethik Luther's in ihren Grundzügen" (2. Aufl., Leipzig 1875), S. 89 fg.; z. B. X, 234: „Wie ist's möglich, daß du nicht berufen seiest? Du wirst ja in einem Stande sein" ꝛc. X, 235: „Siehe wie nun niemand ohne Befehl und Beruf ist, so ist auch niemand ohne Werke, so er recht thun will". II, 132: „Wer ohne solchen Beruf etwas vornimmt .. der thut nicht allein Gott keinen Dienst, sondern thut wider den Gehorsam Gottes". IV, 300: „Er bleibe bei seinem Beruf, thue was seine Oberkeit, sein Amt und Stand erfordert und haben will. Das heißt Gott recht gedienet". Vgl. auch Wiclif: „Liber mandatorum (decalogus)", c. 23: „Faciat ergo quodlibet membrum ecclesiae, quod incumbit officio sui status, et de quanto facit solicius [von sollicite], do tanto quadam naturalitate cuilibet membro capaci prodest amplius" bei Lechler, „Johann von Wiclif" (Leipzig 1873), I, 531.

Stellung angewiesen ist. Wenn Einfachheit ein Zeichen der Wahrheit ist, so wird man diesem System der sittlichen Betrachtungsweise die Eigenschaft der Einfachheit nicht absprechen können. Drei Grundordnungen des irdischen Lebens gibt es, so lehrt er: die häusliche, die bürgerliche oder staatliche und die kirchliche Gemeinschaft. Das sind die drei göttlichen Stifte, die rechte göttliche Hierarchie.[1] Das Mittelalter, auch der große Ethiker des Mittelalters Thomas Aquinas,[2] war über den Gegensatz des Geistlichen und Weltlichen, des Priesters oder Mönches und des Laien nicht hinausgekommen. Der bürgerliche Stand und Beruf, lehrt Luther, so verschieden Ursprung und Wesen der bürgerlichen und der kirchlichen Gemeinschaft ist, ist nicht minder göttlich und heilig wie der kirchliche.[3]

Vor allem lehrt er das göttliche Recht der Ehe und des häuslichen Lebens. Wer in diesem Stande steht, soll wissen, daß er einem heiligen Stande angehört und einem göttlichen Berufe dient, der besser ist als aller Karthäuser und Barfüßer Heiligkeit; und dies gilt bis zur Arbeit der geringsten Dienstmagd, welche in Gottes Namen und im Glauben an Christum ihres Dienstes wartet.[4]

Mit welchem Nachdruck er aber das göttliche Recht der Obrigkeit gelehrt, ist bekannt. Und er durfte wohl von sich rühmen, daß seit der Apostel Zeit das weltliche Schwert und Obrigkeit nie so klärlich beschrieben und herrlich gepriesen sei.[5] Nicht erst von der Kirche hat die Obrigkeit ihr Recht; sie trägt es in sich selbst auf Grund der Stiftung Gottes, der das irdische Leben in solche Ordnung gefaßt hat. Wer in diesem Stande steht, der steht daher in einem göttlichen und seligen Stande; es kommt nur darauf an, daß er sein Werk auch im rechten Sinn thue.[6] Eine specielle Anwendung davon hat er auf besonderen Anlaß hin auf den Kriegsdienst gemacht, indem er in einer seiner schönsten Schriften davon handelt, „ob Kriegsleute auch in einem

---

1) Vgl. meine „Ethik Luther's" S. 93 fg., z. B. IV, 394. Jen. I, 524[b]: „Tres enim hierarchias ordinavit deus contra diabolum, scil. oeconomiam, politiam, ecclesiam" u. ö.
2) „Summa theologiae", II, 2 qu. 83 fg. Vgl. auch die Zugeständnisse, welche Rietter, „Die Moral des heil. Thomas von Aquin" (München 1858), S. 305 u. 517 macht.
3) Z. B. V, 87, 100 u. ö. Vgl. auch meine „Ethik Luther's", S. 101 fg.
4) Vgl. meine „Ethik Luther's", S. 102 fg.
5) XXII, 248 (1526: „Ob Kriegsleute auch in einem seligen Stande sein können"); XXXI, 21 (1529: „Von heimlichen und gestohlenen Briefen"); XXXI, 35 (1529: „Vom Krieg wider die Türken"); XXXI, 236 (1533: „Verantwortung des auferlegten Aufruhrs").
6) Vgl. meine „Ethik Luther's", S. 118 fg.

seligen Stande sein können" (1526) und diese Frage mit aller Zuversicht bejaht.[1]

Und nur mit Einem Worte darf ich vielleicht noch an seine Stellung zu den Berufsaufgaben des Kulturlebens in Wissenschaft und Kunst erinnern. Mit hohen Worten redet er von den Sprachen als der Scheide, darin das Messer des Geistes steckt.[2] „So lieb als uns das Evangelium ist, so hart laßt uns über den Sprachen halten."[3] An die Rathsherren der Städte richtet er bringende Ermahnungen, Schulen aufzurichten, daß darin tüchtige Männer zu Pfarrherren, Amtleuten und allerlei nützlichem Werk geschickt erzogen werden;[4] und auch die Errichtung von Mädchenschulen ließ er sich angelegen sein. Es ist ja bekannt, daß von ihm aus eine neue Periode des Schulwesens begonnen.[5] Wie offenen Sinnes er aber für alle Künste war und sie pries als edle Gaben Gottes, mit denen Gott dies arme Leben geschmückt, und wie er insonderheit seine Frau Musika geliebt und mit herzigen Worten besungen, bedarf nur dieser Erinnerung.[6] So erschließt sich ihm von seinem Grundgedanken des persönlichen Verhältnisses zu Gott in der Glaubensgerechtigkeit aus die ganze weite Welt der Schöpfung und ihrer Ordnungen und Berufsthätigkeiten, und schließt sich mit der Gemeinschaft des neuen geistlichen Lebens in der Kirche zu einem großen System des sittlichen Lebens zusammen, in welchem wir Gottes Willen zu erkennen und in seinem Dienst zu stehen die fröhliche Gewißheit haben dürfen.

Eben damals eröffneten sich ungeahnte Welten für die Erkenntniß und die Besitzergreifung, und mit ihnen ein neuer großer Schauplatz für die gesteigerte Thätigkeit des Geistes und Wirkens, welche charakteristisch für die moderne Zeit geworden ist. Es war von entscheidender Bedeutung, daß mit derselben Epoche eine Erkenntniß und Lehre zusammentraf, welche der modernen Menschheit zugleich zu einem guten Gewissen für diese ihre gesteigerte Thätigkeit zu verhelfen geeignet war. Es waren nicht schlechthin neue Gedanken, welche Luther aufbrachte. Er hat nur die Konsequenzen aus der christlichen Grunderkenntniß gezogen! Wahrheiten, die nie völlig ausgestorben waren, nur in der Doktrin und in der kirchlichen Praxis getrübt und verdunkelt. Uns sind es jetzt geläufige Gedanken; sie sind in das allgemeine Bewußtsein übergegangen.

---

1) XXII, 244 fg.   2) XXII, 183.   3) XXII, 182.
4) XXII, 168 fg., besonders 180 fg.
5) Vgl. z. B. G. Baur, „Grundzüge der Erziehungslehre" (3. Aufl., Gießen 1876), S. 53 fg.   6) Vgl. meine „Ethik Luther's", S. 133.

Ueber das sittliche Ideal und seine Geschichte.

Wir reden gern von den Idealen des Lebens. Ohne sie erscheint uns das Leben todt. In den verschiedenen Gebieten dieses irdischen Daseins sind sie uns die lichten Ziele, nach denen wir den Gang unseres Lebens und Strebens richten, im Gebiete des Wahren und Schönen nicht minder wie in dem des Guten. Wir mögen vielleicht gar manchmal vermeintliche Ideale, nach denen wir strebten, bei geförderter Einsicht als Irrthümer erkennen und fallen lassen. Aber das Ideal selbst lassen wir darum doch nicht fallen. Es mag uns betrüben die Wirklichkeit des Lebens vom Ideale so weit abstehen und uns selbst auch in dem, was wir leisten und sind, so weit hinter demselben zurückbleiben zu sehen. Dies wird uns nur um so mehr Sporn und Antrieb sein, dem Ziele, das uns vorschwebt, nachzustreben, ob wir es erreichen. Denn niemals werden wir es der pessimistischen Blasirtheit zugestehen, daß das, was wir Ideal nennen, nur eine schöne Poesie sei, allein geeignet für wenige Augenblicke uns über die traurige Wirklichkeit mit trügerischem Schein hinweg zu täuschen — gut genug vielleicht für die unerfahrene Jugend, welche noch zu hoffen wagt, weil sie das wirkliche Leben noch nicht kennt und sein hartes Gesetz der Nothwendigkeit noch nicht erfahren hat, während der erfahrene Mann für diesen schönen Traum nur ein bitteres Lächeln besitzt und nur mit dem schmerzlichen Ton der Resignation oder dem spöttischen Ton der Ironie davon reden kann. Jedenfalls thäten die Lehrer der Jugend dann gut, ihr Lehramt niederzulegen, und zwar lieber heute als morgen. Denn wer sich die Jugend des Glaubens an das Ideal nicht bewahrt hat im Herzen, wird auch nie die Herzen der Jugend zu treffen vermögen; bloße Kenntnisse und Fertigkeiten mittheilen aber wird uns noch nicht heißen ein Lehrer der Jugend zu sein.

Jegliches was ist, trägt ein Gesetz seines Daseins in sich, welches die Wahrheit desselben bildet, dem die Wirklichkeit allerdings nur mehr ober minder annähernd, nie völlig entspricht, weil im Widerstreit der Kräfte und Wirkungen dieses irdischen Daseins jede Entwickelung von Hemmnissen gedrückt wird, und so das Gesetz ihres Daseins nie voll zur Erscheinung bringt. Gäbe es nur die Welt der Physik, welche unter dem Banne der Nothwendigkeit steht, so würden wir wol von Gesetz und Typus sprechen dürfen, aber nicht von Ideal. Denn zum Ideal wird die zu Grunde liegende Idee erst, wenn sie sich uns als Ziel und Vorbild darstellt, welches wir auf dem Wege der Freiheit verwirklichen sollen.

Es ist aber das Gesetz der Welt der Freiheit, daß sie sich im Gegensatz von Ideal und Wirklichkeit bewegt. Gegensatz jedoch ist nicht Verneinung. Oder sollte es wirklich an dem sein, daß das Leben der Verwirklichung des Ideals schlechthin widerstreitet? Wir kennen wol jene Stimmen der Klage aus allen Zeiten, bei den Rednern und Weisen der Völker so gut wie bei ihren Dichtern und bis herab auf die, an deren Worten wir den Enthusiasmus unserer eigenen Jugend genährt haben, — jene oft wiederholte Klage, daß keine Brücke über die weite Kluft führen wolle, welche das Ideal vom Leben trennt. Und doch ist alle geistige und sittliche Arbeit und alles höhere Streben nichts anderes, als das Bemühen, jene Brücke zu bauen. Und wir würden die innerste Seele unseres Lebens ertödten und sein Licht auslöschen, wenn wir es je aufgeben wollten, nach jenen höchsten Zielen des Lebens zu streben.

Wenigstens nach dem Ideal des Guten zu streben, werden wir nie lassen können. Denn wenn auch alle anderen uns versagt wären, — dies kann uns nicht geraubt werden. Denn dies bewegt sich nicht im Bereich etwa der Begabung oder sonst der Natur, sondern des Willens. Vor allen anderen Gütern aber ist, wie nicht blos die Stoa lehrt, das sittliche Gut, d. h. die Tugend und das tugendhafte Wollen dasjenige, welches im Grunde allein in unserer Hand ist.

Wir reden von einem Ideal der Schönheit in der Kunst, und die Arbeit im Lehrberuf gilt dem Ideal der Erkenntniß. Aber allen anderen voran steht das sittliche Ideal. Denn alle anderen erreichen ihr Ziel nur im Einklang mit diesem. Denn so rein formal werden wir auch die Schönheit nicht fassen wollen, daß sie völlig gleichgültig gegen die sittliche Idee wäre. Und wenn das Ideal der Erkenntniß uns die Wahrheit ist, so ist die Wahrheit selbst eine sittliche Größe. Alle anderen Ideale sind also was sie sind nur dadurch, daß sie Antheil haben am sittlichen Ideal. Schon um deswillen, weil alle anderen nur einen Ausschnitt des Lebens umschreiben, dieses dagegen den vollen Umfang des Lebens. Jene gelten nur einzelnen Lebenszwecken, dieses dem allumfassenden Lebenszweck. Denn wenn auch jedes einzelne werth ist, daß wir ihm das Leben weihen, so fordern wir doch von einem Jeden von uns, daß er neben seiner besonderen Aufgabe, die er sich erwählt hat, vor allem auch der sittlichen Lebensaufgabe gerecht werde: so daß also dieses sittliche Ideal dasjenige ist, welches zugleich alle anderen in seinen Kreis mit einschließt und ihnen allen erst zur Vollendung verhilft.

Es ist aber das sittliche Ideal das universelle, weil es das zentrale ist. Denn allen anderen dienen wir mit einer einzelnen Seite und Begabung unseres Geistes; die geistige Ausrüstung aber ist mannichfaltig, und kein Mensch auf Erden ist universell, sondern auch der reichbegabteste ist nur eine einseitige Darstellung der menschlichen Natur. Der sittlichen Aufgabe aber dienen wir mit der zentralen Innerlichkeit unserer Persönlichkeit. Als Persönlichkeit aber ist ein Jeder eine Totalität. Die sittliche Aufgabe ist also darum die universale, weil sie die zentrale ist. So geht das sittliche Ideal allen anderen wie an Innerlichkeit und Umfang, so denn auch an Würde voran.

Deshalb ist uns auch die sittliche Betrachtungsweise der Dinge die höchste, und die sittliche Beurtheilung der Handlungen ist die entscheidende Beurtheilung. Wir können an der Fülle der Begabung, welche einem Einzelnen verliehen ist, uns erfreuen oder die Energie des Willens, mit welcher ein Einzelner ausgerüstet ist und die Ziele zu verwirklichen sucht, die er sich gesteckt hat, bewundern; aber höher als jener Reichthum und als diese Kraft wird für unsere Beurtheilung der sittliche Geist stehen, welcher jenen Reichthum sich dienstbar macht, oder der sittliche Inhalt, welcher sich in das energische Wollen und Handeln hineinlegt. Denn alles Andere ist ein Gegebenes, der sittliche Inhalt des Wollens aber ist die Welt der Freiheit. Die Welt der Freiheit aber steht höher als die Welt der Nothwendigkeit, und die sittlichen Entscheidungen sind die entscheidenden. Wir wissen wol, wie enge Freiheit und Nothwendigkeit in einander verflochten sind; und ob es je gelingen wird, die Grenzlinie zu finden, wo sie sich von einander sondern — wer will es sagen? Aber daraus, daß die Wurzeln der Freiheit im Boden der Nothwendigkeit liegen, folgt nicht, daß sittliche Freiheit überhaupt nicht sei und wir denn auch kein Recht haben, sittliche Unterschiede zu machen und sittliche Urtheile zu fällen. Niemals werden wir den Handlungen der Menschen oder unseren eigenen mit derjenigen Stimmung des Geistes gegenüberstehen, mit welcher etwa der Botaniker die Bildung einer Pflanze untersucht. So lange sittlicher Enthusiasmus oder Entrüstung noch ein Anrecht an unsere Seele und die Worte gut und schlecht, sittlich und und unsittlich, Tugend und Laster noch eine Bedeutung in unserer Sprache haben, werden wir auch Recht und Pflicht sittlicher Beurtheilung haben.

Woher nehmen wir den Maßstab dieser Beurtheilung? Trägt jegliches was ist das Gesetz seines Wesens in sich, so wird dies auch von uns gelten, sofern wir Persönlichkeiten d. h. sittliche Wesen sind, und wird dieses Gesetz dem entsprechend sein. Aber alles entwickelt sich nur, indem es in einer gleichartigen Welt steht. So entwickelt sich auch jenes Gesetz zum sittlichen Bewußtsein nur an der Welt der sittlichen Ideen und Wirkungen, der wir angehören, und empfängt von daher seinen Inhalt. Wir sind, was wir sind, nur innerhalb der Gemeinschaft und im Zusammenhang der Geschichte. Auch das sittliche Bewußtsein ist durch die Gemeinschaft bedingt und Sache geschichtlicher Entwickelung. Es erweckt das höchste Interesse des Geistes, zu beobachten, wie die geschichtliche Stufenreihe der Völker Stufen des sittlichen Bewußtseins repräsentirt, und es ist eine erhebende Betrachtung welche mit Hoffnung die Zukunft erfüllen kann, daß der Fortschritt der Geschichte auch einen Fortschritt des sittlichen Bewußtseins bezeichnet. Die Höhenlage des jeweiligen sittlichen Bewußtseins nennen wir das sittliche Ideal.

Es sind zwei sehr verschiedene Fragen, und doch ist es begreiflich, daß wir sie immer in Verbindung mit einander sehen: die Frage, welches das sittliche Ideal ist, und die andere, auf welchem Wege es zur Verwirklichung desselben kommt. Denn die ethische Frage hat nicht blos ein theoretisches, sondern vor allem ein praktisches Interesse. Es ist natürlich, daß man das Ziel nicht aufstellt, ohne auch an den Weg zu denken, auf dem es erreicht wird. Und doch ist beides so wenig mit einander gegeben, wie nach unser Aller Erfahrung mit dem Erkennen des Rechten auch das Wollen desselben gegeben ist.

Lange ehe es eine Moralphilosophie in Hellas gab, hat es sittliche Vorstellungen gegeben und haben sich die verschiedenen sittlichen Ideen zu einer Art sittlichen Ideals zusammengeschlossen. Zwar mochte jeder sich seinen Helden erwählen, dem er die Wege zum Olymp hinauf sich nacharbeitete, mochte es Achill sein oder Odysseus. Aber aller Verschiedenheit der Vorbilder lag doch ein gewisses Gemeinsames zu Grunde. Dieses Gemeinsame und Uralte war die Scheu vor den himmlischen Mächten, welche das leidenschaftliche Begehren der Brust bändigte, der Vermessenheit wehrte, die Schranke einzuhalten, Maß zu beobachten gebot, und Gerechtigkeit gegen die Anderen zu üben. Das ist das Bild, welches uns von Homer an bis zu den großen Dramatikern herab in allem Wechsel der Zeiten und Stimmungen als gemeinsame Forderung entgegentritt und die Lehre z. B. ebenso der Perser des Aeschylus wie der Antigone des Sophokles bildet.

Eben diese Zeit der großen Tragiker aber bezeichnet einen bedeutsamen Einschnitt. Die Zurückwerfung der Heeresmassen Asiens durch die vereinte Kraft von Hellas, durch welche die Zukunft Europas vor asiatischer Ueberschwemmung gerettet wurde, hatte eine Steigerung des hellenischen Selbstgefühls zur Folge, wie sie in dieser Weise früher nicht statthatte und sich in dem neuen Sprachgebrauch kundgibt, welcher seitdem Hellenen und Barbaren einander gegenüberstellt. Wenn die naturwüchsige Kraft der Thraker die Freiheit repräsentirte ohne die Kultur, die Länder Asiens aber wol Kultur besaßen jedoch ohne die Freiheit, so war sich der Grieche des Besitzes einer edlen freien Bildung bewußt, durch die er alle anderen überrage und zur Herrschaft über sie berufen sei. In dieser Idee des Hellenen als der Verwirklichung des freien Mannes edler Bildung sah man seitdem das sittliche Ideal.

Aber jener verhängnißvolle fast dreißigjährige Krieg zwischen Sparta und Athen brachte eine große Veränderung des sittlichen Geistes. Das Volk des Kleon erschien wenig geeignet, jenes hellenische Ideal darzustellen. Nur in kleineren Kreisen, in welchen statt der Leidenschaft oder des Irrthums die Vernunft die ihr gebührende Herrschaft erlangte, konnte man auf die Verwirklichung jenes Ideals hoffen. Das war die Aufgabe, welche sich Sokrates stellte und Diejenigen, welche seinen Anstoß weiterzuleiten suchten. Indem die Philosophie die Führung in der sittlichen Aufgabe übernahm, theilte sich auch dieser der aristokratische Charakter mit, welcher jener eignet. Wenn früher die sittliche Idee, wenn auch nicht aus der Religion geschöpft, so doch an sie angeschlossen und unter ihren Schutz gestellt wurde, so änderte sich das jetzt. Die Religion trat ihre Bedeutung für die Moral an die Vernunft ab, die in der Philosophie zum Bewußtsein kommt. Die Religion ist aber das Allgemeine, diese Vernunft dagegen ist das Eigenthum nur einer Auswahl. Nach dieser Vernunft des freien und gebildeten Mannes, d. h. der Wenigen, bestimmt Aristoteles das sittliche Ideal.

Unter den verschiedenen Tugendcharakteristiken, welche Aristoteles entwirft, ist eine, welche er vor allen anderen in einem durchgeführten Bilde bis in die Einzelnheiten der äußeren Erscheinung, selbst in Stimme und Gang ausmalt. Es ist das Bild des Großgesinnten, des Megalopsychos, welches er hier gibt. Man hat darin und gewiß mit Recht das aristotelische Ideal erblickt, wie es freilich der Natur der Sache nach nur in einem beschränkten Kreise seine Verwirklichung finden kann. Er selbst bezeichnet die Großgesinntheit als den krönenden Schmuck, den Kosmos aller anderen Tugenden, denn sie ist nicht möglich ohne die höchste Trefflichkeit, die Kalokagathie. Den Großgesinnten aber charakterisirt vor allem das stolze Bewußtsein, der höchsten Ehren und nur von Seiten der Besten würdig zu sein; auf die Ehren dagegen, welche ihm beliebige Nächstebeste erweisen, blickt er mit Geringschätzung herab, und vollends Beschimpfungen Anderer lassen ihn gleichgültig. Wohlthaten zu erweisen liebt er, denn sie sind ein Zeichen von Ueberlegenheit; Wohlthaten zu empfangen aber beschämt ihn, denn das ist ein Zeichen von Unterordnung. Er hat daher auch ein gutes Gedächtniß für Wohlthaten, die er erwiesen hat, und läßt sich gern daran erinnern, während ihn die Erinnerung an den Empfang von Wohlthaten nicht freut. Nur ungern nimmt er den Dienst Anderer in Anspruch, wol aber ist er bereit, Anderen Dienste zu leisten. Hochstehenden gegenüber tritt er hochgemuth auf, aber gegen Leute mittleren Standes ist er freundlich. Er drängt sich nicht leicht zu Solchem, worauf man Gewicht legt oder wo Andere schon die erste Rolle spielen; er regt sich überhaupt nur langsam oder zögernd, außer wo es große Ehre oder ein Werk gilt, das nur Wenige zu verrichten vermögen. Er ist offen in seiner Feindschaft und in seiner Freundschaft; denn Furcht kennt er nicht; in seinem Reden und Handeln ist er stets geradezu vor aller Welt; denn er ist ein Freimüthiger, weil er auf die Menschen herabsieht; er hält deshalb mit der Wahrheit nicht zurück, außer wo er dem großen Haufen gegenüber sie hinter der Ironie verbirgt. Sich beeinflussen zu lassen verschmäht er; denn solche Abhängigkeit ist etwas Sklavisches. Nicht leicht setzt ihn etwas in Staunen; denn es gibt für ihn nichts Großes. Ueber Persönlichkeiten spricht er nicht gern, mag es weder, daß man über ihn rede — liegt ihm doch nicht weder am Lob, noch am Tadel —, noch auch lobt er gern Andere, oder ist er geneigt, von Anderen, auch von seinen Feinden Uebles zu sagen. „Selbst im Aeußern nimmt man allgemein an, daß der Gang des Großgesinnten langsam, seine Stimme tief und gewichtig und seine Sprechweise gehalten sei. Denn ein Mensch, dem Weniges wichtig ist, ist nicht zur Eile geneigt und der nichts für groß ansieht, strengt sich nicht mit der Stimme an." Ein solcher also ist der Großgesinnte.

So lautet im Auszug die Charakteristik, die Aristoteles gibt. Ob ihm dabei sein Zögling Alexander, wie man wol gemeint, vorgeschwebt habe, weiß ich nicht zu entscheiden. In jedem Fall aber schildert der Philosoph in diesem Bilde das Ideal des Hellenen, der dem öffentlichen Leben angehört. Uns wird dies Bild eigenthümlich fremd berühren. Die ruhige Geschlossenheit zwar wird wol geeignet sein, uns zu imponiren, dieser wie aus Marmor gehauenen in sich selbst beruhenden plastischen Gestalt, die sich wie von der Unruhe des täglichen Lebens, so von der Bedürftigkeit des gewöhnlichen Daseins ablöst und deren olympische Ruhe nicht leicht durch etwas gestört wird. Aber wir vermissen den warmen Herzschlag menschlicher Theilnahme, und was wir Gemüth nennen, scheinen wir hier vergebens zu suchen. Das hellenische Selbstgefühl ist zur Selbstgenügsamkeit des Einzelnen geworden, und die sittliche Selbstachtung zum Stolz, der vom Hochmuth kaum mehr zu unterscheiden ist.

Wenn die frühere Zeit das Selbstgefühl mit der Beugung unter die himmlischen Mächte verband, so ist für die philosophische Reflexion über das moralische Problem diese Schranke weggefallen. Kein Wunder, daß das individuelle Selbstgefühl sich steigert und sich zur Höhe des Göttlichen selber zu erheben beginnt.

Auf dieser Bahn ging die folgende Entwickelung weiter.

Die Moral der Stoa ist bei aller Verschiedenheit von der aristotelischen doch nur die Konsequenz derselben. Von dem aristotelischen Satze, daß die Tugend das höchste Gut sei, war kein großer Schritt zu dem stoischen, daß sie das einzige Gut sei. Und wenn die Welt des aristotelischen Tugendhaften der Staat ist, der Staat des stoischen Weisen aber die Welt, so war es die Dialektik des Gedankens selbst, welche diese Erweiterung des Gesichtskreises herbeiführte, unterstützt durch den geschichtlichen Gang der Dinge. Denn die kleineren Staaten gingen unter im orbis terrarum Romanus, und so löste sich auch der Gegensatz zwischen Hellenen und Barbaren auf in den Gegensatz zwischen Bildung und Nichtbildung überhaupt.

Aristoteles hatte eine Reihe einzelner Tugenden aufgeführt und auf jeder Stufe die richtige Mitte zwischen den Extremen zu zeigen ge-

sucht. In einem Gesammtbild faßt er die einzelnen Züge nicht zu=
sammen. Wenn ich den Großgesinnten als Idealbild heraushob, so
berechtigt dazu zwar die Ausführlichkeit seiner Schilderung sowie die
Betonung seiner Hochstellung; aber es ist doch nur ein Tugendbild
neben anderen, wenn auch vor den anderen. Der Realismus des
Aristoteles kennt nur einzelne Tugenden, die mehr oder minder in den
Einzelnen vertreten sein können, eine einheitliche Tugendhaftigkeit kennt
er nicht. Denn der Weg zur Tugend ist nach ihm Gesetz und Ge=
wöhnung. Aber diese Mächte können zwar das Handeln bestimmen,
aber nicht die innerste Gesinnung. Das Handeln aber hat es mit
Einzelnen zu thun, nur die Gesinnung des Herzens kann die einheit=
liche Wurzel alles Handelns sein. Wie soll nun aber jene Gesinnung
die rechte werden? Darauf hat die Antike bis auf ihn und bis zum
Ende keine Antwort gehabt.

Es ist ein Fortschritt des moralphilosophischen Denkens, daß die
Stoa die Vielheit der Tugenden, die sie um die bekannten vier Stamm=
tugenden vereinigte, im Begriffe einer einheitlichen Sittlichkeit zu=
sammenfaßt. Man hat die einzelne Tugend wahrhaft nur, wenn man
ihre Gesammtheit besitzt, und wer die eine Tugend wahrhaft hat, hat
auch die anderen. Und diese einheitliche Sittlichkeit stellt sich ihr dar
im Idealbild des Weisen. Im Weisen sind alle Vollkommenheiten ver=
einigt, welche sonst nur vertheilt vorkommen. Er ist die Wirklichkeit
der sittlichen Idee und sofern er für die anderen das Ziel bildet, dem
sie entgegenzustreben haben, das sittliche Ideal. Wenn der Groß=
gesinnte des Aristoteles das kleinliche Getriebe der übrigen Menschen=
welt weit überragt und mit seinem Haupt die Wolken zu berühren
scheint, so erhebt sich der Weise der Stoiker bis zur Höhe der Gott=
heit selbst. Zwar nach seinem äußeren Leben gehört er den Beding=
nissen und Zufälligkeiten dieses irdischen Daseins an. Aber das ist das
Unreale, weder ein Gut noch ein Uebel in Wahrheit. Innerlich erhebt
sich der Weise als König und Herr hoch über das Alles und wird davon
nicht berührt, so daß er im Grunde selbst dem Zeus gleich steht, nur
sofern er der Zeit unterworfen ist, unter ihm. Wie keine Freude und
kein Leid des Lebens ihn berührt, so auch stört kein Affekt des Ge=
müths die göttliche Gelassenheit seines Innern. Weder Zorn noch
Mitleid, weder rächende Vergeltung kennt er, noch Vergebung. Affekt=
los ruht er in seiner eigenen Göttlichkeit. Wenn der Großgesinnte
des Aristoteles wenigstens vom Großen und Bedeutenden sich noch in
Bewegung setzen läßt, so ist hier die Theilnahmlosigkeit prinzipiell und

absolut. Und mit Nothwendigkeit. Denn der Gott der Stoa ist die Natur, der Natur entsprechend leben ist ihr Tugend: die Natur aber ist das Theilnahmlose, so auch die entsprechende Tugend. In der Natur herrscht das Gesetz der Nothwendigkeit: so stellt denn auch die Betrachtung des Lebens Alles unter diesen Gesichtspunkt.

Die starre Herbigkeit der ersten Stoa erweichte sich später. Aber ihr Charakter blieb derselbe; auch bei Epiktet und Mark Aurel, die man als die edelsten und uns homogensten wird bezeichnen dürfen. Wenn wir Weib und Kind herzen, sagt Epiktet, so sollen wir uns sagen, daß wir einen Menschen herzen. Stirbt er, so wird es uns nicht anfechten. Wissen wir nicht, daß ein Topf zerbrechlich ist? Soll ich mir die Unruhe der Züchtigung bereiten, damit mein Junge nicht ein Bösewicht werde? „Besser ist's, daß der Junge ein Bösewicht werde, als daß Du unglücklich seiest." Mit den Anderen aber, die sich unglücklich fühlen, mögen wir zwar Theilnahme in Worten zeigen, innerlich aber sollen wir uns nicht anfechten lassen. Kurz, Affektlosigkeit ist die Sittlichkeit und Resignation die Frömmigkeit im Ideal auch Epiktet's. Solche Stimmung macht gleichgültig gegen die Dinge und ungeneigt zum öffentlichen Handeln. Die Welt des Weisen ist seine innere Welt der Selbstbetrachtung und sein Lohn das Lob, welches er sich selbst ertheilt für seine Enthaltung.

Am Abend pflegt sich eine weichere Stimmung über uns zu breiten, wenn die Spannung des Tages in Leib und Seele nachläßt. So ruht über den Meditationen des kaiserlichen Philosophen Mark Aurel die weichere Stimmung des Abends der alten Welt. Sie sind von Anfang bis Ende vom Gedanken und der Stimmung der Vergänglichkeit beherrscht. Dies Gefühl des Todes legt sich wie ein düsterer Hauch der Schwermuth über seine Betrachtungen. Augenscheinlich ist es der Uebergenuß und die Ueberkultur jener Zeit gewesen, was diese Todesstimmung erzeugt hat, welche der stoischen Verachtung aller äußeren Güter nun die Hand zum Bunde reichte. Wie weit entfernt ist diese Stimmung von der Lebensfreudigkeit der ungebrochenen Antike! Und doch ist es die Konsequenz derselben. Denn was der nichtigen äußeren Welt entgegengestellt wird, ist das Selbstgefühl der eigenen Göttlichkeit und göttlichen Erhabenheit. Diese Empfindung aber liegt ganz auf dem Wege des alten hellenischen Selbstgefühls. So entspricht der Flucht aus der Welt der sinnlichen Erscheinungen die Zurückziehung auf die Innenwelt des eigenen Geistes, wo der Weise dem inneren Genius, der Gottheit, die wir in der Vernunft in

uns tragen, Kultus erweist. Allerdings ist es nicht mehr die stolze
Abgeschlossenheit der früheren Zeit. Es geht ein Zug einer gewissen
wohlwollenden Theilnahme bei Mark Aurel durch das Ganze hindurch.
Denn die Vernunft, die uns innewohnt als unser göttlicher Theil, ist
das Allgemeine. Wir sind Glieder der Welt und der Menschheit.
Die Stoa hat an die Stelle des Hellenen den Menschen gesetzt und
an die Stelle des Staates die menschliche Gesellschaft. Als Glieder
derselben sind wir für einander geschaffen, einander zugethan zu sein,
für einander zu sorgen, einander zu helfen. Ja es ist des Menschen
Vorzug, auch die zu lieben, die ihm wehe thun. Wir sollen nur eben
bedenken, daß sie es aus Unwissenheit gethan haben, daß wir beide in
Kürze sterben werden, vor allem, daß sie den besseren Theil in uns,
die Vernunft, nicht geschädigt haben. Man kann kaum schöner reden,
als es Mark Aurel in diesen Worten thut; sie berühren uns wie bekannte Töne sympathisch. Und doch erkennen wir bald auch in diesen
schönsten Worten den uns fremden Geist. Wir sollen freundlich sein
auch gegen den Beleidiger, warum? Weil er uns im Grunde nicht
wehe thun und uns nicht schädigen kann. Es ist das Selbstgefühl
der eigenen Göttlichkeit, welches uns darüber hinaushebt, im Grunde
also doch nur jener Stolz, den wir von früher her kennen. Und wenn
Mark Aurel wie als Seitenstück zum Großherzigen des Aristoteles
sein Ideal schildert als einen Mann, der nichts weiß von Genuß-
dingen oder Ergötzungen des Augenblicks oder von Eifersucht oder Neid
oder Argwohn oder sonst etwas, worüber man erröthen könnte, der
ein Priester der Götter, des in seinem Innern wohnenden Gottes
recht gebraucht, sich unbefleckt erhält von Lüsten, unverletzt von jedem
Leid, unberührt von jedem Uebermuth, unempfindlich für jede Schlechtig-
keit, von keiner Leidenschaft niedergeworfen, in Gerechtigkeit tief ein-
getaucht und wie die Rede weiter geht — so sagen wir uns Alle:
das sind Worte, schöne Worte, aber nur eben Worte. Wo war ein
solcher? Von dem Weisen, welchen die Stoa als Ideal aufstellte,
bekannten die späteren selbst, er habe nie existirt. Er war eine bloße
Abstraktion. Man pflegt aber in der Regel um so pathetischer in den
Worten zu sein, je mehr man sich in abstrakten Größen bewegt. In
dem Maß als die Wirklichkeit sank, wuchs die Theorie, und je größer
die Schwäche der That wurde, um so anspruchsvoller wurde die Rede.
Einzelne zwar steigerten sich selbst zum Gewaltsamen in ihrem Thun;
in der Regel aber war es nur die Rede, die man steigerte. Es war
das Zeitalter der Deklamation. Schon Seneka ist ein Deklamator,

dessen hohen Worten die Wirklichkeit sehr wenig entsprach. In der folgenden Zeit wurde die Rhetorik geradezu die Krankheit des Zeitalters.

Der Weg, den die Entwickelung genommen, war vom Selbstgefühl zur eigenen Vergöttlichung gegangen — aber freilich nur in Gedanken. Sollte keine Erkenntniß möglich sein, welche zugleich Wirklichkeit wäre? Der Neuplatonismus glaubte sie in der ekstatischen Erhebung des Geistes zur Welt des Uebersinnlichen gefunden zu haben. Wenn Plato noch das Gefängniß des Leibes beklagt, welches uns von der Welt der Ideen fern hält, so glaubt der Neuplatonismus dies Gefängniß wenigstens in Augenblicken sprengen und sich in die übersinnliche Welt des Göttlichen aufschwingen zu können, um hier den Göttern nahe und ihres Gleichen zu sein. Zwischen Verschiedenen ist keine Freundschaft, hatte Aristoteles gelehrt, und darum Liebe zwischen Gott und Mensch für ein Atopon, für eine Ungereimtheit erklärt, und ganz im Geist der Antike erinnert die Goethe'sche Iphigenie daran, die Götter sollten nicht mit Menschen wie mit Ihresgleichen wandeln, das sterbliche Geschlecht ist viel zu schwach, in ungewohnter Höhe nicht zu schwindeln. Das schien im Ausgang der Antike, im Neuplatonismus ein überwundener Standpunkt. Schon im Leibe können wir den seligen Reigentanz der Himmlischen mit genießen. Freilich nur selten wird den besten und weisesten dieses selige Anschauen des Höchsten zu Theil. Plotin hat nach dem Zeugniß seines Schülers Porphyrius in den sechs Jahren, welche dieser bei ihm war, diese höchste Einigung mit Gott viermal erreicht. Das ist das Ende der stolzen Linie, auf welcher das antike Selbstgefühl den Weg zum Olymp zu gehen suchte. Es endigt in einem schönen Traum. Und so mögen wir wol das Resultat dieser ganzen Entwickelung in das Wort zusammenfassen: Die Menschen können nicht zu den Göttern emporsteigen, die Gottheit muß zu den Menschen herabsteigen.

Das nun aber ist die Verkündigung, mit welcher das Christenthum in die Welt eintrat: amor descendit ut ascendamus. Aus dem alten: ihr werdet sein wie Gott ist das Andere geworden: Gott ist geworden wie unser einer. Jenen Weg der ascensio, der Erhebung, war die vorchristliche Anschauung gegangen, diesen Weg der descensio, der Herablassung, ging das Christenthum. Es bietet viele Seiten der Berührung mit der Ideenwelt der späteren Stoa dar. Denn auch wenn Neues in die Geschichte eintritt, setzt es sich in Zusammenhang mit dem Vorhandenen. Der religiöse Hauch, welcher der späteren Stoa eigen ist, der universelle Charakter, die Betonung des Menschen und der menschlichen Gemeinschaft — das sind alles verwandtschaftliche Züge, welche Stoa und Christenthum mit einander theilen. Aber die innere Seele des Christenthums ist der Gegensatz zum Bisherigen. Es ist ein großes Paradoxon für das nächstliegende Denken; aber gerade diese Paradoxie hat sich in der Erfahrung als die Wahrheit und als die Kraft des sittlichen Lebens erwiesen. Der Weg, den die Antike ging, war der des stolzen Selbstgefühls, welches den Menschen zum Göttlichen zu erheben strebte; unter allen ihren Tugenden, die uns auf diesem Wege ihr Geleite anbieten, begegnet uns die Demuth nicht, und die Liebe, welche Plato feiert, ist die Erhebung zum Göttlichen, nicht die Herablassung zum Elend; die caritas ist nach Böckh keine Tugend der antiken Welt. Aber gerade dies, was uns dort nicht begegnet, bildet das Charakteristische des Christenthums, und die Einheit dieser Züge bildet sein sittliches Ideal. Ich lasse hier den Begründer des Christenthums bei Seite, sofern er für uns der Inhalt unseres religiösen Glaubens und der Gegenstand unserer religiösen Verehrung ist. Aber sofern er der geschichtliche Ausgangspunkt einer neuen Periode des sittlichen Denkens und Lebens der Menschheit geworden ist, gehört er sowie das Christenthum selbst ebenso der Geschichte der Philosophie wie der Philosophie der Geschichte an. Als solcher aber ist er in dem Gedächtniß seiner Jünger vor allem selbst, in seiner Person, die Wirklichkeit des sittlichen Ideals gewesen. Die Antike fühlte wohl, daß das Ideal seine Wirkung erst übe in der Gestalt der persönlichen Wirklichkeit. In diesem Sinne hatte Aristoteles der sittlichen Macht des Gesetzes das persönliche Vorbild des Freundes zur Seite gestellt. Aber wie beschränkt dieses Ideal sei, konnte er sich selbst nicht verhehlen. Die spätere Historik hat die Geschichtschreibung in den Dienst dieser Tendenz gestellt. Aber es waren doch nur einzelne Seiten der Sittlichkeit, welche in den historischen Musterbildern zur Anschauung gebracht wurden. Je höher sich das Bild des sittlichen Ideals in der Stoa steigerte, um so mehr zog es sich in die Welt der Abstraktion zurück. In der Gestalt Jesu trat der Welt eine geschichtliche Wirklichkeit des Ideals entgegen. Freilich anders, als es bisher gesucht worden, darum befremdlich am Anfang und abstoßend für die, welche mit hellenischem Geiste gesättigt davon Kunde erhielten und an seine Betrachtung herantraten. Denn so fremdartig etwa das christliche

Kunstideal des Ecce homo für die hellenische Empfindung ist, so befremdlich ist das sittliche Ideal der geschichtlichen Gestalt Jesu für das sittliche Bewußtsein der antiken Welt. Und doch wird eine tiefere Versenkung eben in jener Paradoxie die höhere Wahrheit finden. Das sittliche Ideal, das sich uns hier darbietet, ist die Hoheit in der Niedrigkeit und die Größe in der dienenden Herablassung und die Heiligkeit, die sich beweist in der aufopfernden Liebe. So hat Christus selbst in Wort und That sich charakterisirt als den, welcher eben, weil er mit seiner Seele ganz in Gott lebt, eben deßhalb sein Leben rückhaltlos in den Dienst der Menschen stellt und in solchem Dienste opfert. So hat nicht blos der Jünger, den man den Jünger der Liebe zu nennen pflegt, sondern auch jener scharfe und energische Geist, der aus dem eifrigsten Pharisäer zum erfolgreichsten Verkündiger der neuen Lehre wurde, das sittliche Ideal gezeichnet in jenem Loblied auf die Liebe, die alles glaubt, alles hofft, alles duldet, die nicht das Ihre sucht, sondern was des Anderen ist und welche eben darum die Erfüllung alles Gesetzes und das zusammenfassende Band der sittlichen Vollkommenheiten ist — eine Schilderung, welche man wol als das christliche Idealbild neben jene beiden früher erwähnten, das des Aristoteles und das des Mark Aurel, als den charakteristischen Ausdruck des neuen Geistes stellen darf.

Eine reiche Geschichte hat dieser Gedanke noch durchgemacht; vor allem hat dies Bild mannichfache Züge erhalten, die uns werthvoll sind, durch die sittliche Geistesart der germanischen Völker, welche dem dahinsinkenden römischen Reiche zur Seite heranwuchsen, um zu seiner Zeit die Träger des neuen christlichen Geistes und der neuen Zeit, die er heraufführte, zu werden. Aber diese hier zu erörtern würde zu weit führen.

Nur diese eine Erinnerung möge nicht unausgesprochen bleiben.

Durch die verschlungenen Wege wie der äußeren Geschichte der Völker, so auch der inneren Geschichte ihres Geisteslebens vollzieht sich ein Fortschritt dem Ziele der höchsten Wahrheit entgegen. Mögen höhere Einwirkungen aus der Welt Gottes selbst, die wir Offenbarungen nennen, hier mitwirkende Faktoren sein, wie wir glauben, oder nicht: in jedem Falle stellt sich unseren Augen das erfreuende Bild einer immer größeren Annäherung an jenes höchste Ziel dar. Denn wir wenigstens werden in dem sittlichen Ideal des Christenthums gegenüber dem antiken die höhere Wahrheit und mit ihr zugleich die Kraft seiner Verwirklichung zu besitzen gewiß sein und uns freuen.

Dieser Gedanke aber, die sittliche Vollkommenheit im Dienst der Andern zu sehen, wie er zugleich die schöne Verklärung der alten deutschen Sinnesweise ist, den Stolz des Mannes in den Dienst zu setzen, kann uns eine heilsame Erinnerung auch in unserem staatlichen und bürgerlichen Wirken sein.

Zur kirchlichen Lehre vom Beruf.

Wenn wir an Luther uns erinnern, tritt uns neben anderen Fragen vor Allem die Frage des Berufs vor die Seele. Für Luther selbst hat diese Frage große Bedeutung gehabt. Sie hat ihn innerlich oft bewegt, wenn die weittragenden Folgen seines Thuns, welches er in diesem Umfange nicht beabsichtigt und erwartet hatte, ihm etwa schwer auf die Seele fielen. Da hat er sich denn seines Berufs getröstet. Auch unsere Alten haben oftmals von Luther's Beruf gehandelt. Und auch uns wird diese Frage von unseren römischen Gegnern in der Gegenwart wieder mit besonderer Schärfe nahe gelegt. Es ist nicht überflüssig für uns, uns dessen zu vergewissern. Die Antwort darauf ist bekannt. Von da aus gehen unsere Gedanken weiter zur Frage des Berufs überhaupt. Das Folgende erhebt nicht den Anspruch diese Frage allseitig zu erörtern; vielmehr nur Eine Seite derselben, die uns der Erwägung werth erscheint, ist es, die zur Besprechung kommen soll.

Es ist ein besonderes Verdienst Luther's und der Reformation, das Recht und die Würde des Berufs und der irdischen Berufsstände wieder zur Anerkennung gebracht zu haben. Wir unterscheiden den himmlischen und den irdischen Beruf: wir sollen unsere Seelen retten und bewahren zum ewigen Leben, und wir sollen die Aufgaben erfüllen, welche durch unsere Stellung auf Erden innerhalb der Gemeinschaften, denen wir angehören, uns zugewiesen sind. Uns handelt es sich hier natürlich nur um den irdischen Beruf, und wir verstehen in Uebereinstimmung mit Luther unter ihm eben den Umkreis der Aufgaben, welche einem jeden aus dem Stand in der Welt erwachsen, in welchen ihn Gott hineingestellt hat.

Diesen Beruf nun hat Luther nach zwei Seiten hin geltend gemacht, erstens gegen die Verkennung der göttlichen Berechtigung und Würde der natürlichen Lebensordnungen und Lebensaufgaben, zweitens gegen die Eigenmächtigkeit, welche das berufsmäßige Thun hinter das eigen erwählte zurückstellt und in diesem eine höhere Vollkommenheit sucht. Also erstens: auch die natürlichen Lebensordnungen sind göttlicher Beruf, und zweitens unser Thun soll berufsmäßig sein: das waren die zwei Sätze, welche Luther und unsere Kirche den Römischen und ihren Vettern den Wiedertäufern entgegenstellten.[1]

Werfen wir, ehe wir darin fortfahren, einen kurzen geschichtlichen Blick rückwärts. Der römische Irrthum der mittelalterlichen Denkweise, welcher sich die reformatorische Erkenntniß entgegenstellte, war der doppelte: 1. Die Kirche, nämlich die äußerlich verfaßte, steht höher als der Staat, d. h. also das ganze Gebiet der staatlichen und überhaupt natürlichen Lebensthätigkeiten, ist an sich ein profanes, sittlich bedenk-

---

1) Augsb. Konfession, Art. XVI: „Von Polizei und weltlichem Regiment wird gelehrt, daß alle Oberkeit in der Welt und geordnete Regiment und Gesetze gute Ordnung von Gott geschaffen und eingesetzt sind" (obrigkeitliches Amt, Gericht ꝛc., Krieg, Vertrag, Eigenthum, Eid, Ehe). „Hier werden verdammt die Wiedertäufer, so lehren, daß der oben angezeigten keines christlich sei. Auch werden diejenigen verdammt, so lehren, daß christliche Vollkommenheit sei, Haus und Hof, Weib und Kind leiblich verlassen und sich der vorberührten Stücke äußern, so doch dies allein rechte Vollkommenheit ist, rechte Furcht Gottes und rechter Glaube an Gott." Art. XX: Der Unseren Schriften beweisen: „daß sie von rechten christlichen Ständen und Werken guten nützlichen Bericht und Ermahnung gethan haben". Art. XXI: „Daß man Exempel nehme von ihren (der Heiligen) guten Werken, ein jeder nach seinem Beruf". Art. XXVI: „Daneben hielt man andere nöthige gute Werke für ein weltlich ungeistlich Wesen, nämlich diese, so jeder nach seinem Beruf zu thun schuldig ist, als daß der Hausvater arbeitet, Weib und Kind zu ernähren und zu Gottesfurcht aufzuziehen, die Hausmutter Kinder gebiert und wartet ihr, ein Fürst und Obrigkeit Land und Leute regiert ꝛc. Solche Werke von Gott geboten, mußten doch weltlich und unvollkommen Wesen sein". Art. XXVII: „Ueber das werden auch die Gebot Gottes und der rechte und wahre Gottesdienst dadurch verdunkelt, wenn die Leute hören, daß allein die Mönche im Stande der Vollkommenheit sein sollen .. und sollen von Gott bitten und begehren was uns noth ist, und Hülfe von ihm in allen Trübsalen gewißlich nach eines jeden Beruf und Stand gewarten. Daß wir auch indeß sollen äußerlich mit Fleiß gute Werke thun und unseres Berufs warten". Apologie, Art. XV: „Denn die Werke müssen allein geistlich, heilig, vollkommen leben heißen und werden denn weit fürgezogen den rechten, heiligen, guten Werken, da ein jeder nach Gottes Gebot in seinem Beruf zu wandeln .. schuldig sein .. Dieselbigen Werke hält man nicht für göttlich, sondern für weltlich Wesen, also daß viel Leut ihnen darüber ein schwer Gewissen gemacht .. und sind in Klöster gangen, heilig und geistlich zu werden .. Es sind unzählig viel Bücher, in welchen nicht ein Titel, nicht eine Syllabe von Christo, vom Glauben geschrieben, oder von den rechten guten Werken .. welche jeder nach seinem Beruf zu thun schuldig ist". Vgl. auch Art. XXVII von den Klostergelübden. Kleiner Katechismus: „Da siehe deinen Stand an". Vgl. die Haustafel. Konkordienbuch, Art. XII „von anderen Rotten und Sekten", gegen die anabaptistischen Irrthümer der christlichen Lebensführung, nach den drei Rubriken: „unleidliche Artikel": „in der Kirchen", „in der Polizei", „in der Haushaltung" geordnet.

liches und im Grunde unberechtigtes und erhält sittlichen Werth und Berechtigung erst durch die Kirche, also durch die Unterordnung unter die Kirche; denn jenes alles ist Welt, dieses ist geistlich; jenes steht also dem Himmelreich fern und ist eine Hinderung in dasselbe einzukommen, während dieses der richtige Weg dazu ist; sobaß also der Einzelne nur dann mit gutem Gewissen jenen Thätigkeiten sich widmen kann, wenn er durch die Unterordnung unter die Kirche, durch seine Opfer an dieselbe und die Weihungen durch dieselbe sich ein gutes Gewissen geben läßt. 2. Daraus folgt dann aber weiter, daß die sittliche Vollkommenheit nicht auf dem Weg jener irdischen Berufserfüllung erreicht werden kann, sondern auf dem der möglichsten Verzichtleistung auf jenes Gebiet des natürlichen und irdischen Lebens, wie diese Verzichtleistung durch die Erfüllung der s. g. evangelischen Rathschläge geübt wird, eine Uebung, welche allerdings nicht von allen gefordert werden kann, weil sonst das ganze irdische Leben still gestellt würde, sondern welche nur das bessere Theil Einzelner ist, welche die Aristokratie der Christenheit bilden.

Diese zwei Sätze aber: 1. nur die Kirche und kirchliches Thun ist das eigentlich Berechtigte, also Verkirchlichung des Lebens die Aufgabe; 2. die negative Stellung zum natürlichen Leben ist die Stufe der Vollkommenheit, diese zwei Sätze sind im Grunde nur die christliche Wiederaufnahme der vorchristlichen Denkweise der Antike. Die Antike unterschied zwei Stufen des Lebens, das aktive Leben des Bürgers und das kontemplative des Philosophen. Für jenes war der Staat das Maßgebende; alles andere wie Handel und Gewerbe bekommt erst durch den Staat und die Beziehung auf den Staat seine sittliche Würde. Also die Sittlichkeit ist staatliche Sittlichkeit. Eine höhere Stufe aber allerdings nimmt das kontemplative Leben des Philosophen ein, welcher ein Leben des Geistes führt, über die gewöhnlichen Lebensaufgaben erhaben. Was nun dort der Staat ist, das ist hier die Kirche, die civitas Dei seit Augustin. Wie also dort der Staat, so ist hier die Kirche das Maßgebende; wie dort die Sittlichkeit in der Verstaatlichung des Lebens besteht, so hier in der Verkirchlichung des Lebens. Was aber dort der Philosoph ist, das ist hier der Mönch; das mönchische Leben ist das philosophische, das Mönchthum die Philosophie. Hierin besteht die Vollkommenheit; der Stand der Religiosen, wie sie hießen, ist der status perfectionis. So ist also die römische Denkweise des Mittelalters die Erneuerung der antiken in christlicher Form.

Zur richtigen Würdigung des Berufs aber kommt es weder hier noch dort. Wie nicht auf dem Standpunkt der Verstaatlichung, so nicht auf dem der Verkirchlichung alles Lebens. Denn der Staat bezeichnet doch nicht den ganzen Umfang des Lebens, sondern nur einen Ausschnitt desselben. Wo bleibt nun das Uebrige, das nicht von ihm umfaßt wird? Und ebenso wenig kann die äußere Kirche alles umfassen. Kann man Handel und Wandel verkirchlichen? Oder auch nur Wissenschaft und Kunst? Das Mittelalter hat es versucht, aber vergeblich. Und nun vollends die Stufe der höheren Vollkommenheit! Wo sollte der Staat und seine Aufgabe bleiben, wenn sich alle der philosophischen Kontemplation weihen wollten? Und wo sollte das ganze irdische Leben bleiben, wenn alle nach der römischen Vollkommenheit trachteten und Mönche würden? Und doch muß das irdische Leben und seine Thätigkeiten und Stände sein. Sind sie nun sittlich berechtigt oder nicht? Kann ein Christ mit gutem Gewissen in ihnen stehen, Kaufmann oder Kriegsmann sein u. dgl.? Und doch muß der Christ mit gutem Gewissen in seinem irdischen Stande und Arbeit stehen dürfen, oder er kann überhaupt nicht darin stehen. „Im Papstthum", sagt Luther einmal (Erl. Ausg. 5, 146), „war es ein sehr gemein Ding, daß alle Reiter, Krieger, Juristen und dergleichen Leute, die sich dünken ließen, sie wären in einem verdammlichen Stande gewesen, sprachen: sie hätten bisher der Welt gedienet, sie wollten nun anfahen und Gott dienen, liefen derhalben ihrer viel in die Klöster, wurden Mönche und Klausner. Aber es ist eine teuflische Verführung gewesen. Heißt das Gott dienen, in einen Winkel kriechen, niemand rathen noch helfen?" Es war eine Erkenntniß und That von ungeheueren Folgen, daß Luther erkannte und lehrte: daß jene s. g. weltlichen Stände und Berufsarbeiten ebenso gut göttlich seien wie der s. g. geistliche Stand d. i. der kirchliche Beruf. Die mittelalterliche Ethik auch eines Thomas Aquinas bewegte sich in dem Unterschied des weltlichen und des geistlichen Standes, und der weltliche war der geringere und sittlich unwerthe. Luther lehrte, daß sie alle einander gleich seien, und der Bürgermeister so gut seinen göttlichen Beruf habe wie der Pfarrherr, der s. g. geistliche Stand nur eben ein Beruf sei neben anderen. In Bezug auf die staatliche Ordnung hatte schon früher besonders der Streit Ludwig's des Bayern mit dem Papst zu der Erkenntniß seines göttlichen Rechts und seiner sittlichen Würde geführt. Dies wurde nun tiefer und sicherer begründet und auf den Umkreis der gottgeordneten irdischen Lebenskreise überhaupt ausgedehnt. Daraus erwuchs jene ebenso einfache wie wahre Lehre von der s. g. göttlichen Hierarchie, den drei Gottesstiften, den tres status hierarchici, Haus, Staat und Kirche: tres enim hierarchias ordinavit deus contra diabolum, scil. oeconomiam, politiam, ecclesiam (Jen. I, 524b), diesen wahren göttlichen Stiften und Ordnungen, die bei allem Unterschied des Inhaltes und der Aufgabe doch an sittlicher Würde einander vollkommen gleich stehen. Das war wie das Ei des Kolumbus. An diese Stände wurde nun aller Beruf angeknüpft und davon abgeleitet und in seiner Erfüllung um Gottes willen und im Glauben an Jesum Christum die christliche Vollkommenheit erkannt.

Der Aeußerungen Luther's hierüber ist Legion. Kaum eine andere Lehre hat er so fleißig betrieben. Wir heben nur etliche Stellen heraus. Fürs erste, daß die irdischen Berufsstände göttlich und heilig sind. „Wir sollen erkennen, daß unser äußerlich Leben, Stand und Wesen in Gottes Wort gefasset und durch Gottes Wort geheiligt ein rechter Gottesdienst sei, da Gott ein Wohlgefallen an habe, daß es nicht vonnöthen ist, wer Gott will dienen, daß er des äußerlichen Lebens halber etwas sonderliches ansahe, wie die Mönche gethan haben. Er bleibe bei seinem Beruf, thue was sein Oberkeit, sein Amt und Stand erfordert und haben will. Das heißt Gott recht gedienet" (4, 300). „So lernet nun, was ein heilig, geistlich Leben sei, nämlich nicht ein Klosterleben, sondern wenn du glaubest an Jesum Christum und thust die Werke deines Berufs im Glauben und nach Gottes Wort. Siehe zuvor, daß du an Christum glaubest und getauft seiest; danach siehe auf dein Amt und Beruf" (4, 443). Zum anderen, daß niemand ohne Beruf ist. „So möchtest du sprechen: wie aber, wenn ich nicht berufen bin, was soll ich dann thun? Antwort: wie ist's möglich, daß du nicht berufen seist? Du wirst ja in einem Stande sein, du bist ja ein ehelich Mann oder Weib oder Kind oder Tochter oder Knecht oder Magd" 2c. (10, 234). „Siehe wie nun niemand ohne Befehl und Beruf ist, so ist auch niemand ohne Werke, so er recht thun will." Diesen Beruf findet er also in den Ständen, welche Gott schöpfungsmäßig geordnet hat: 1. im Hausstand: jeder ist entweder Vater, Mutter, Herr 2c., oder er ist Sohn, Tochter, Knecht, Magd 2c. So ist denn einem jeden von Gott geboten, was er thun soll. 2. Im obrigkeitlichen Stande: er ist entweder Fürst, Bürgermeister, kurz Obrigkeit, oder er ist Unterthan. „Wenn ein Bürger thut, was sein Bürgermeister haben will, und die Unterthanen thun, was ihr Fürst haben will, doch sofern daß es nicht wider Gott sei, so gehen sie einher im Dienst Gottes" (5, 100). Und das gilt nun von den verschiedenen bürgerlichen Ständen, wie sie zum bürgerlichen Gemeinleben erforderlich sind, dem Ackersmann oder Handwerksmann oder Kriegsmann ꝛc. Und ebenso kann auch drittens von dem kirchlichen Dienst, als dem Auftrag, der Einzelnen befohlen und übertragen ist. „Denn solch Amt ist nicht mehr denn ein öffentlicher Dienst, so etwa einem befohlen wird von der ganzen Gemeinde, welche alle zugleich Priester sind" (40, 172). Mit dieser Lehre wollte er die Gewissen frei und ihrer Sache gewiß und fröhlich machen (21, 55). „Sollt nun nicht ein Herz springen und von Freuden zerfließen, wenn es zur Arbeit ging und thäte, was ihm befohlen wäre, daß es könnte sagen: siehe, das ist besser denn aller Karthäuser Heiligkeit, ob sie gleich zu Tode fasten und ohne Unterlaß auf den Knien beten. Denn hier hast du einen gewissen Text und göttlich Zeugniß, daß er dir's geheißen hat" (Großer Katechismus, viertes Gebot).

Wir werden sagen müssen: es war providentiell, daß diese Lehre, welche ein gutes Gewissen für die irdische Arbeit gab, zusammentraf mit dem Beginn der neuen Zeit, welche den irdischen Gesichtskreis und damit auch den Umfang der irdischen Lebensaufgaben in so ungeahnter Weise erweiterte und vermehrte. Es fragt sich nun: reicht jene Lehre auch für diese neue so viel komplizirter gewordene Gestalt des Lebens aus? Denn allerdings trägt das moderne Leben nicht mehr die alte einfache Gestalt an sich. Man kann nicht mehr alles irdische Thun so ohne weiteres auf Haus- und Obrigkeitsstand zurückführen. Sonst trug z. B. der Gewerbebetrieb vorwiegend häuslichen Charakter an sich. Der Meister war Hausvater und Oberkeit gegenüber dem Gesellen. Das ist alles anders geworden. Der Bürger war einfach Unterthan und hatte zu gehorchen. Die Thätigkeiten in der christlichen Gemeinde faßten sich im kirchlichen Amt zusammen und standen unter dem kirchlichen Regiment.

In allem dem hat sich vieles geändert. Und man wird nicht sagen können, daß das eben nicht sein sollte, sondern nur ein Abfall und Unordnung sei. Es ist nicht nur eine geschichtliche Thatsache, die sich nicht ändern läßt, sondern sie trägt auch die innere Nothwendigkeit in sich. Das neuere Leben ist eben viel mannichfaltiger und komplizirter geworden und läßt sich nicht mehr so glatt wie früher in jenes Schema der drei Stände zusammenfassen und unmittelbar auf die objektiven göttlichen Stiftungen zurückführen. Daß es so ist, sehen wir schon aus dem Einen, daß sich der neue Begriff der Gesellschaft im Unterschied vom Staate gebildet hat, und man von einer Gesellschaftswissenschaft im Unterschied von der Staatswissenschaft redet. Und wenn man auch über den Begriff der Gesellschaft noch nicht einig ist und die strengen Juristen überhaupt etwas bedenklich dazu stehen, so haben wir es doch hier mit einer Thatsache zu thun, welcher nur wie durchweg die Theorie erst allmählich nachfolgt. In jedem Fall unterscheidet sich, was man Gesellschaft nennt, von dem, was wir Staat nennen, sobaß dort nicht so wie hier von Obrigkeit und Unterthan die Rede ist. Die Reformation redete bekanntlich nicht vom Staat, sondern von der Obrigkeit. Die Gesellschaft aber steht zwar unter der höheren Autorität der Obrigkeit, aber nicht wie das eigentlich staatliche Leben unter ihrer unmittelbaren Leitung und bezeichnet nicht das Gebiet ihrer Funktionen, sondern hier handelt es sich um freie Bewegung der Einzelnen und ihre freie vereins- und genossenschaftsmäßige Zusammenschließung. Das alles läßt sich nicht so ohne weiteres auf göttliche Stiftung zurückführen, sondern trägt den Charakter eigener subjektiver Bildung an sich. Wie läßt sich nun aber dann hier vom Berufe reden, da unsere Alten doch allen Beruf an jene objektiven göttlichen Stiftungen geknüpft haben? Und doch ist die reformatorische Geltendmachung des Berufs ohne Frage richtig, und wenn wir mit gutem Gewissen in jenen Thätigkeiten stehen wollen und diesem oder jenem gewerblichen oder politischen Verein angehören oder Beauftragte solcher Vereine sind, müssen wir wissen, daß wir im Beruf stehen und einen Beruf erfüllen.

Und wie es hier ist auf dem Gebiete des bürgerlichen Lebens, so ist es auch auf dem Gebiete des religiös-sittlichen und kirchlichen Lebens. Auch hier hat sich ein weites Gebiet freier und freiwilliger Thätigkeit erschlossen, welches sich selbst in freier Weise vereins- und gesellschaftsmäßig organisirt, Thätigkeiten übt, Ordnungen trifft, Organe dafür bestimmt, Vorstandschaften ernennt und Aufgaben zuweist. Ist das alles unter den Gesichtspunkt des Berufs zu stellen? Und wenn dies uns unfraglich ist, mit welchem Recht und Grund? Wir werden sagen müssen: unser Begriff von Beruf hat sich erweitert, und wir haben nur seiner Berechtigung gewiß zu werden, dann aber auch unserer Verpflichtung gewiß zu werden, daß wir diese freien geordneten Thätigkeiten und Berufserfüllungen nicht damit von uns ablehnen, daß wir uns auf jenen früheren engeren Begriff von Beruf zurückziehen.

Machen wir uns dies durch ein nahe liegendes Beispiel deutlich. Der Missionsbetrieb knüpft sich in der lutherischen Kirche vornehmlich an den Namen Ziegenbalg's. Im Jahre 1883 (24. Juni) hat man in lutherischen Kreisen sein Gedächtniß gefeiert. Wir stehen in der Fortsetzung seines Werkes, und sein Vorgang hat reiche Nachfolge in unserer Kirche gefunden. Aber welche ganz andere Gestalt trägt der Missionsbetrieb jetzt an sich wie damals. Bekanntlich stand die orthodoxe Theologie jener Zeit, wie sie von der wittenberger Fakultät vertreten war, im Gegensatz zu diesem neuen Unternehmen. Aber auch andere hatten ihre Bedenken. Ein Hauptbedenken war dieses: wenn die Sendboten zu den Türken und Heiden gehen sollen: wie steht es mit ihrer ordentlichen Sendung? Ist jemand berechtigt und verpflichtet, seinen besonderen Beruf, den er hier hat und dessen er gewiß ist, zu verlassen und dorthin zu gehen? Und man kam nicht von dem Gedanken los, es muß von der Obrigkeit ausgehen. Und so ist denn auch Ziegenbalg's Mission von der Obrigkeit ins Werk gesetzt und autorisirt worden: seine Besitzung in Ostindien war es, in welche der König Friedrich IV. von Dänemark den Schüler der halleschen Schule schickte, und Ziegenbalg nannte sich mit Nachdruck „königlicher Missionar". Das war also ganz auf der Basis der alten Anschauung.

Wir haben sie verlassen, und nothwendig. Wir müßten auf alle Mission verzichten, wenn wir nur im Namen einer staatlichen oder kirchlichen Obrigkeit missioniren wollten. Denn um von staatlicher Obrigkeit zu schweigen, welches Kirchenregiment könnte dazu bevollmächtigen? Jedes hat nur Vollmacht innerhalb seiner Grenzen. Wir treiben aber dennoch Mission, bilden Vereine, üben die Leitung derselben, berufen und senden Missionare, treffen draußen Ordnungen und setzen Behörden ein u. s. w. Auf welche Vollmacht hin? Welches Kirchenregiment hat z. B. das Leipziger Missionskollegium eingesetzt, berufen, bevollmächtigt? Keiner der drei Stände hat es bevollmächtigt und kann es bevollmächtigen. Auch der kirchliche nicht. Denn wenn wir auch gewiß sind, daß sein Thun ein kirchliches ist, nämlich im Sinn und im Dienst unserer Kirche, so kann doch nicht vom status ecclesiasticus als dem Vollmachtgeber die Rede sein. Sondern es ist ein freies und freiwilliges Thun und Sache einer freien Organisation. Ist es nun darum nicht Beruf? Wenn diejenigen, welche an der Spitze stehen, welche das Kollegium ausmachen, nicht das Bewußtsein eines rechten Berufs hätten, müßten seine Mitglieder heute ihre Arbeit niederlegen. Wo aber liegen die Wurzeln dieses Berufs?

Wir werden zurückgehen müssen auf die Einzelnen und ihre freie innere Verpflichtung, welche in ihrem Christenstande liegt. Auf Grund dessen schließen sie sich zu gemeinsamer Bethätigung ihres Christenstandes zusammen, um so dem Beruf der gesammten Christenheit, den Heiden das Evangelium zu bringen, zu dienen. Im Zusammenhang der Einzel- und Vereinsthätigkeit mit der Gesammtaufgabe liegt die Berufsberechtigung, und es kommt dann nur darauf an, daß die Uebung jener Thätigkeit eine durch die geschichtlich und thatsächlich gegebenen Verhältnisse nahe gelegte und gerechtfertigte sei. Also wir gehen zur Berufsbegründung nicht blos auf die objektive göttliche Stiftung zurück, sondern auch auf die subjektive Verpflichtung, nur eben unter Anerkennung jener stiftungsgemäßen Ordnungen.

Aehnlich verhält es sich mit dem Gebiet der Thätigkeiten, welche wir unter dem Kollektivnamen der Inneren Mission zusammenfassen. Auch für diese müssen wir die Forderung der Berufsmäßigkeit aufstellen. Wir können sie nicht unmittelbar aus dem kirchlichen Berufe begründen. Denn dann ist es eben kirchliche Amtsthätigkeit und nicht Thätigkeit der Inneren Mission. Daß diese aber eine Reihe von nöthigen Thätigkeiten übt, welche vom Amt, sei es nun in seiner gegenwärtigen unzureichenden Vertretung, sei es überhaupt nicht gedeckt werden können, darf wol als zugestanden vorausgesetzt werden. Hier hat also die christliche Liebe der Einzelnen einzutreten, die sich, um das nöthige Werk richtig und heilsam auszurichten, vereins- und gesellschaftsmäßig organisiren. Aus dieser Organisation heraus erwachsen neue Berufe mannichfacher Art, welche von Gesellschafts wegen übertragen werden. Sollen die Männer, welche in dieser Arbeit stehen, nicht das Bewußtsein des Berufes haben? Keine staatliche oder kirchliche Obrigkeit hat die Armenhelfer oder die Vorsteher von Rettungshäusern oder die s. g. Vereinsgeistlichen angestellt; sie hat sie vielleicht anerkannt und genehmigt, aber berufen und angestellt hat sie der betreffende Verein, und sie sind thätig von Vereins wegen, nur eben im Einklang mit der organisirten Kirche und in Unterordnung unter ihre Ordnungen. Hier also haben wir Berufe und Aemter, welche nicht, wie es die Zeit der Reformation und der Orthodoxie faßte, Ausfluß der objektiven göttlichen Stiftungen, sondern der subjektiven Berechtigung und Verpflichtung sind. Es ist z. B. mit dem Diakonissenberuf ebenso. Er ist zum Beruf geworden, zum nöthigen und heilsamen Beruf, aber er ist nicht göttliche Stiftung wie das kirchliche Amt, und es wäre Verirrung, ihn ähnlich wie dieses anzusehen und zu behandeln und auf ein besonderes göttliches Stiftungswort zu gründen. Sein göttlicher Grund ist das göttliche Liebesgebot überhaupt, welches hier nur in dieser besonderen Form erfüllt wird, welche menschliche Ordnung ihm gegeben hat.

Also es gibt zweierlei Beruf: der eine, welcher durch die objektiven göttlichen Stiftungen bedingt und so von Gott selbst gesetzt ist, und der andere, der auf der allgemeinen Christenpflicht beruht und von menschlichem Willen und Thun frei geordnet und gesetzt ist. Die frühere Zeit hat jenen ersten Beruf gemeint und betont, die Gegenwart hat diesen zweiten hinzugefügt. Beruf ist dieser wie jener. Aber wir werden sagen müssen, dieser steht in Unterordnung unter jenem, wie das Thun des Menschen in Unterordnung unter dem Thun Gottes steht. Hieraus erwächst eine Reihe praktischer Erwägungen. Vor allem diese doppelte. Auf der einen Seite: da der Mensch von seinem Thun gern hoch denkt, haben wir uns der Gefahr bewußt zu bleiben, daß dieser zweite Beruf dem ersten untergeordnet ist, also sich nicht einbilden darf jenen ersetzen zu dürfen. Also Vereine, Gesellschaften ꝛc. müssen sein; aber sie können Gottes Stiftungen, Haus, Staat, Kirche und Amt nicht ersetzen, sondern sollen diesen nur dienen. Andererseits da doch alles Thun berufsmäßig sein soll, eine Reihe von Thätigkeiten aber Gemeinschaft, Einigung fordert, so sind wir nicht berechtigt uns auf uns selbst zu beschränken und jenem Gemeinschaftssinn zu entziehen oder uns auf jene unmittelbar göttlichen Berufskreise zurückzuziehen und alles Weitere als nicht zum Beruf gehörig abzulehnen, es sei aus Mißverstand oder vielleicht auch aus Bequemlichkeit, sondern wir haben auch diese Thätigkeiten und ihre menschliche Vereinsform als Berufsthätigkeit anzuerkennen und uns dieser Erweiterung zu freuen. Der Charakter der modernen Zeit ist Ueberwiegen des subjektiven Moments. Daß es seine Gefahren hat, liegt auf der Hand. Aber es vollziehen sich doch in den Veränderungen des menschlichen Geistes göttliche Gedanken, und wir sollen sie zu verstehen suchen und in den Dienst des Reiches Gottes und seiner Kirche stellen.

Die antik-heidnischen Wurzeln des römisch-katholischen Vollkommenheitsideals.

Wir sind alle dessen gewiß, daß der Gegensatz der evangelischen und der römisch-katholischen Kirche nicht blos ein dogmatischer Gegensatz ist, sondern daß er ebenso sich auf das ganze Gebiet der sittlichen Denkweise erstreckt; es ist die sittliche Anschauung in jenem Kreise eine wesentlich andere als bei uns; so denn auch, was wir unter sittlicher Vollkommenheit verstehen. Welches ist unsere Anschauung von sittlicher Vollkommenheit? Luther drückt es in seinen Tischreden am kürzesten einmal so aus: „Glaube an den Herrn Jesum Christum und thue die Werke deines Berufs!" Darin ist alles kurz beisammen. Und unsere Bekenntnisse führen dies in ähnlicher Weise aus: „Daß man Gott von Herzen und mit Ernst fürchtet, und doch auch eine herzliche Zuversicht, Glauben, auch Vertrauen fasset, daß wir um Christi willen einen gnädigen und barmherzigen Gott haben, daß wir mögen und sollen von Gott bitten und begehren, was uns noth ist, und Hülfe von ihm in allen Trübsalen gewißlich nach eines jeden Beruf und Stand gewarten, daß wir auch indeß sollen äußerlich mit Fleiß gute Werke thun und unseres Berufes warten (Augsb. Bekenntniß Art. 27). Denn das sind die zwei Seiten, wie wir zu Gott und zur Welt stehen: das ist unser Begriff der sittlichen Vollkommenheit. Wir haben Gott zu trauen und zu glauben, mit gutem Gewissen seiner Führung uns zu ergeben und das zu thun, was uns befohlen ist: Ein Jeder thue sein' Lektion, so wird es wohl im Hause stohn. Wenn wir uns auch sagen müssen: wir sind auf dem Wege, nicht am Ziele, wir sind unvollkommene Menschen, wir bleiben stets auf dem Wege, so ist es doch im Gange und Schwange, es ist ein Werden, unsere Vollkommenheit ist eine Vollkommenheit des Werdens, des Weges, eine Vollkommenheit der Gesinnung. So bei uns, anders bei den Römischen.

Wenn wir die römischen Gedanken uns vergegenwärtigen, so gehen diese von einzelnen Worten des Herrn aus wie: „Wenn ihr alles gethan habt, was euch befohlen ist, so sprecht: Wir sind unnütze Knechte; wir haben gethan, das wir zu thun schuldig waren" (Luk. 17, 10). Oder es ist das Beispiel des reichen Jünglings: „Was muß ich thun, daß ich das ewige Leben ererbe?" und die Antwort darauf: „Willst du zum Leben eingehen, so halte die Gebote. Willst du vollkommen sein, so verkaufe, was du hast und gib's den Armen und folge mir nach" (Matth. 19, 16 ff.). Da scheinen zwei Stufen der Sittlichkeit gelehrt, eine gewöhnliche christliche Sittlichkeit, auf deren Wege wir das ewige Leben ererben; dagegen wollen wir vollkommen werden, so müssen wir ein Mehreres thun. So bewegt sich die sittliche Denkweise der römischen Kirche in der Unterscheidung dieser beiden Stufen: der gewöhnlichen Sittlichkeit des einfachen Christen, welche darin besteht, die mandata, Gebote, zu erfüllen, und die höhere Sittlichkeit des vollkommenen Christen, die consilia evangelica, die evangelischen Rathschläge, zu beobachten — „Rathschläge" genannt, weil sie nicht geboten, sondern nur angerathen sind; denn wenn sie allen geboten wären, dann würde der Bestand der Welt aufhören. Es ist besonders die Geschichte vom reichen Jüngling, welche die Grundlage dieser Denkweise bildet; die Worte: vade, vende, „gehe hin und verkaufe" bilden das Thema von unendlich vielen Abhandlungen in der Geschichte der morgenländischen und abendländischen Kirche, um darin die Vollkommenheit aufzuzeigen. Man zählt zwölf solche evangelische Rathschläge; es gehören darunter auch solche Forderungen des Herrn, wie: „den Feinden vergeben", „sich nicht selber Recht schaffen" u. a. Dagegen sagen wir: in allem diesem stellt der Herr allen seinen Jüngern vor Augen, wie alle seine Jünger sein sollen. Nicht blos Rathschläge, sondern Forderungen stellt er damit auf für die Seinen. Aber Forderungen, sagt man, können das nicht sein, nicht von jedem kann man verlangen, daß er seine Feinde liebe; dazu gehört eine besondere Stufe. So bildeten sich die zwölf consilia. Die drei hauptsächlichsten Vollkommenheiten aber sind die drei bekannten: Armuth, d. i. Besitzentäußerung, Ehelosigkeit (und zwar ist die Virginität das Hauptstück der christlichen Vollkommenheit) und Unterwerfung des Willens im Gehorsam gegen den Willen der Oberen. Wenn wir diese bekannten drei Mönchsgelübde in ein Wort zusammenfassen wollen, so ist es das Ideal der Entsagung, Weltverneinung, Weltentäußerung, kurz das Ideal der Askese. Dies ist die römische Vollkommenheit. Man gesteht selbst: das sei nur für wenige; aber es müsse das höchste

Ideal wenigstens in etlichen dargestellt werden, damit die Welt eine Anschauung, ein Bild davon habe. Wer sollen nun die Vollkommenen sein? Nur eine Auswahl, eine Aristokratie Erlesener. Daraus ergibt sich: die Ordnung des Christenlebens ist doppelt. Die Mehrzahl ist für das aktive Leben, dies aber ist die niedere Stufe; die Auswahl ist für die höhere Stufe der Betrachtung, Kontemplation, der asketischen Mystik; der Mönch, vor allen Dingen der kontemplative Mönch ist das Ideal. Diese Kontemplation erreicht ihre Höhe im Aufschwung zur unmittelbaren inneren Anschauung Gottes oder in der Versenkung in die unendliche Tiefe Gottes, in der Ekstase. Dies ist die höchste Stufe. Dies bezeichnet man uns dort als das christliche Vorbild, dem man nachzutrachten hat. Unsere Antwort darauf ist der doppelte Satz: dies Ideal ist nicht christlich, sondern es ist heidnisch. Dies haben wir nachzuweisen.

1. Dies Ideal ist nicht christlich. Machen wir den Anfang zunächst mit einer scheinbaren Abschweifung vom Thema. Der straßburger Professor der Philosophie Theobald Ziegler hat eine „Geschichte der christlichen Ethik" geschrieben; diese führt er bis zum Jesuitismus und Pietismus, da hört die Geschichte der christlichen Ethik auf. Seine „Geschichte der Ethik" überhaupt ist auf drei Bände angelegt. Der erste behandelt die antike Ethik, der zweite die christliche Ethik, der 3. Band wird wol die Ethik des Humanismus bringen. Warum beschließt er mit dem Pietismus die Geschichte der christlichen Ethik? Zu Grunde liegt das Hegel'sche Schema: Thesis, Antithesis, Synthesis. Dieses Hegel'sche Schema liegt auch dem Urtheil Ed. Zeller's über den Unterschied der antiken und der christlichen Moral in seiner großen Arbeit über die Geschichte der „Philosophie der Griechen" zu Grunde. Es ist ein sehr bequemes und einfaches Schema. Wenn wir das anwenden auf die Geschichte der Moral — so etwa stellt es Zeller dar, und seine Gesinnungsgenossen wie F. A. Strauß, Theob. Ziegler ꝛc. schließen sich ihm darin an — so war das Ursprüngliche die naive Einheit von Geist und Sinnlichkeit. Das ist das Schöne am antiken Leben: Geist und Sinnlichkeit bilden eine unmittelbare Einheit. Dann, nach logischen Gesetzen, geht es auseinander in die Gegensätze. So vertritt denn das Christenthum die einseitige Geistigkeit, d. i. unsinnliche Geistigkeit, d. i. der Gegensatz von Sinnlichkeit und Geistigkeit. Von da aus muß es natürlich zur höheren Stufe der Vermittelung beider Seiten kommen. Dies ist die Stufe der Renaissance und des Humanismus. Zeller sagt z. B. einmal (4. Aufl. I, 110): „Während der Grieche auch im mensch=

lichen Leben jene schöne Einheit von Geist und Natur anstrebt, welche das eigentliche Merkmal der griechischen Sittlichkeit ausmacht, liegt das Ideal des Christen in einer Askese, die alle Verbindung zwischen Vernunft und Sinnlichkeit abbricht. Statt der kämpfenden und genießenden Heroen hat er Heilige von mönchischer Apathie". Das also ist nach Zeller das Ideal des Christenthums. So redet auch Strauß wiederholt. Wir mögen uns etwa jenes berüchtigten Wortes von Strauß erinnern: der Christ sei ein Engel, der auf dem Thiere reitet. Nach dieser Anschauung hat nicht blos die spätere christliche Kirche etwa jenes Ideal aufgestellt, sondern es war urchristlich. Wenn wir dieser Hegel'schen Anschauung folgen, so haben die Römischen Recht. Sie vertreten in ihrem asketischen und mystischen Mönch dann das urchristliche Ideal, und diese lieben Freunde liefern dann den Römischen die Waffen in die Hände. Unsere evangelische Anschauung aber ist dann die nicht=christliche. Die Reformation ist allerdings ein großer Kulturfortschritt in der Entwickelung des sittlichen Geistes, aber sie ist nach dieser Auffassung die Verweltlichung des Christenthums; mit ihr haben wir begonnen uns von der urchristlichen Basis zu lösen, und der moderne Humanismus ist nur die konsequente Weiterführung derselben; der Pietismus dagegen nur ein schwacher Nachklang der urchristlichen Anschauung, aber mit dem es zu Ende geht; nur in einzelnen Exemplaren, in einzelnen Kreisen ist sie noch vorhanden; es ist nicht mehr der allgemeine Geist der modernen Christenheit; man sucht ihn etwa noch festzuhalten, aber umsonst.

Dieses urchristliche Ideal nun hat nach der Meinung jener Gelehrten der Herr selbst vertreten. Strauß führt z. B. in seiner Schrift „Der alte und der neue Glaube" ausführlich aus, welche Mängel die sittliche Denkweise Christi gehabt hat, sodaß er bei weitem nicht mehr im Stande sei, das Ideal für die modernen Bedürfnisse abzugeben. Ist dies wirklich das urchristliche Ideal? Gehen wir dies nach einzelnen Gesichtspunkten durch, zunächst an der Person Christi selbst, denn damit entscheidet sich das andere. Ist Jesus wirklich ein Vertreter der Askese in jenem Sinne gewesen? Jesus war nichts weniger als ein Asket. Vom Täufer konnte man das etwa sagen, und man hat ihn mit den Essenern zusammengestellt, von denen man gern um so mehr redet, je weniger man von ihnen bestimmtes weiß. Dieser Wüstenprediger im härenen Gewande, mit dem Ledergurt gegürtet, von Heuschrecken und wildem Honig sich nährend, der seinen Beruf in der Wüste zu führen hatte, menschliche Bequemlichkeit und gewöhnliche Hülfe=

leistung entbehren mußte, deshalb ein Gewand trug, das auszuhalten im Stande war: der kann etwa den Eindruck eines Asketen machen. Christus aber lebte unter den anderen Menschen, ohne sich zu unterscheiden. Der machte nicht den Eindruck eines Asketen. Ein Wort reicht aus, um diesen ganzen Traum von der Askese Jesu über den Haufen zu werfen, ein sehr unschönes Wort seiner Gegner (Matth. 11, 18. 19): „Johannes ist gekommen, aß nicht und trank nicht, so sagen sie, er hat den Teufel; des Menschen Sohn ist gekommen, isset und trinket, so sagen sie: Siehe, wie ist der Mensch ein Fresser und ein Weinsäufer, der Zöllner und der Sünder Geselle". Wenn irgendein Wort historisch ist, so werden wir annehmen müssen, dies Wort ist historisch; denn ein solches Wort zu erdichten wäre der folgenden Zeit nicht in den Sinn gekommen. Das also war der Eindruck, den Jesus machte, daß man sagen konnte: er ist ein Fresser und Weinsäufer; auf einen solchen Gedanken kommt man bei einem Asketen doch sicher nicht. Dies eine Wort also reicht aus, jene ganze Vorstellung zu widerlegen. Auch sonst ist Jesus weit entfernt, ein Asket zu sein. Eine Hochzeit ist es, die er durch sein erstes Wunder verherrlicht und bei der er eine Menge Wein stiftet in das junge Haus. Er hat natürlich nicht gemeint, daß dieser Wein sofort solle getrunken werden, sondern er gibt es dem jungen Ehepaar gleichsam als Hochzeitsgeschenk ins Haus für künftige Zeiten. Auch seine Jünger hält er nicht zur Askese an. Ausdrücklich rechtfertigt er sie mit den Worten (Matth. 9, 15): „Wie können die Hochzeitsleute leidtragen, solange der Bräutigam bei ihnen ist; es wird aber die Zeit kommen, daß der Bräutigam von ihnen genommen ist; alsdann werden sie fasten". Ferner wenn er Tausende speist — ein Asket würde sie haben hungern lassen. Er hat die Einladungen zu Vornehmen, auch zu Gegnern angenommen. In Bethanien hat er sich die Ehrenmahlzeit vor seinem Leiden geben lassen; er hat sich jene Verschwendung (wie Judas es ansieht) der Maria von Bethanien mit der Salbe, die 300 Denare, das sind etwa 200 Mark, werth war, gefallen lassen. Das ist nicht Asketenart. Wenn die Einsiedler in der lybischen Wüste selbst das Wasser scheuten, geschweige denn Salbe gebrauchten — „je schmutziger um so heiliger" sagt Hieronymus — so ist das nicht die Weise jener Asketen. Wenn wir sonst den Herrn ansehen, seine Stellung zur Natur, wie ihn die Lilien auf dem Felde, wie ihn die Sperlinge auf dem Dache interessiren, die sonst doch sehr wenig geachtet sind — auch nicht einer falle vom Dache ohne Gottes Willen — das ist doch alles weit entfernt, das Bild eines Asketen zu sein. Wol hat er auch zuweilen eine Nacht im Gebet zugebracht, aber um sich zu bereiten für die Arbeit des Tages. Und auch bei Paulus findet sich nichts Asketisches. Er „töbtet seinen Leib", um ihn in Gehorsam seines Berufs zu bringen; sonst aber sagt er, jegliche Gabe ist gut.

Für den Asketen ist also Jesus kein Vorbild. Er hat aber, wendet man ein, vom Besitz und Reichthum sehr verächtlich und bedenklich geredet, und unser ganzer Kulturfortschritt ruht doch auf Besitzerwerbung. Wenn man aufhört, nach Besitz und Reichthum zu streben (natürlich auf sittlichem Wege), würde das ganze Leben stillstehen. Bei Lukas dagegen preist der Herr die Armen selig, nicht die Reichen; von diesen sagt er vielmehr, sie werden schwerlich ins Himmelreich kommen. Keim und Holtzmann folgern daraus: In Christi Augen sei Besitzlosigkeit die sittliche Vollkommenheit. Dann wäre es allerdings kein allzu schwerer Weg, sie zu erreichen. Je weniger einer besitzt, desto leichter wird er dann selig. Besonders ist es die Geschichte vom reichen Jüngling, welche hierfür verwerthet wird. Der Weg der Vollkommenheit wäre danach: alles weggeben und dem Herrn nachzufolgen. Reichthum wäre also ein Hinderniß der Seligkeit. Der arme Lazarus kommt ja in den Himmel, der reiche Mann dagegen in die Hölle. Und was dergleichen Anführungen mehr sind. Wir werden diesen Mißbrauch der Schriftworte nicht erst exegetisch zurechtzustellen haben: der reiche Mann kommt ja in die Hölle nicht wegen seines Reichthums, sondern weil er nur eben reich war und sonst nichts, wie er denn den armen Mann am Wege hat liegen lassen, ohne sich seiner anzunehmen. Lazarus dagegen kommt in den Himmel, nicht weil er arm war, sondern weil er sein Leiden in geduldiger Ergebung ertrug. Die Reichen werden schwerlich ins Himmelreich kommen. Allerdings aber auch die Armuth ist nicht ohne Versuchung; denn wenn der Herr mahnt: „Wir sollen nicht sagen: Was sollen wir essen und trinken?" oder: „Womit werden wir uns kleiden?" solche ängstliche Sorge pflegt weniger die Sorge der Reichen als die der Armen zu sein. Also auch die Armuth hat ihre Gefahren in den Augen des Herrn.

Es versteht sich von selbst, daß der Herr nicht von dem äußeren Besitz oder Nichtbesitz als solchem redet. Denn so wenig ihm, was zum Munde eingeht, entscheidend ist, sondern was zum Herzen ausgeht, so wenig ist äußerer Besitz und Besitzlosigkeit nach seiner Meinung entscheidend, sondern die Gesinnung und die Stellung des Herzens dazu: innerlich sollen wir frei sein davon. Wie wir äußerlich im Leben gestellt sind, ist ihm gleich. Innerlich gebunden kann der Arme ebenso sein wie der Reiche, und innerlich frei kann der Reiche ebenso gut sein wie der Arme. Das verlangt der Herr von seinen Jüngern, daß sie innerlich frei sein sollen. Der Herr hat ja auch wohlhabende Freunde gehabt: Joseph von Arimathia, Nikodemus, der an hundert Pfund Myrrhen zur Bestattung aufwandte, was doch eine ziemliche Ausgabe war. Maria von Bethanien hätte nicht die Salbe aufwenden können, wenn sie nicht wohlhabend gewesen wäre 2c. Ein Asket also war der Herr nicht in dem Sinne, daß er Besitz und Reichthum verworfen hätte.

„Aber von der Arbeit muß er nichts gehalten haben. Gibt es ein Wort aus dem Munde Christi, welches die Arbeit empfiehlt?" Dieser Einwand ist mehrfach erhoben worden, aber er erledigt sich leicht. Wenn der Herr Christus in Athen oder Rom aufgetreten wäre, so würde er wol Anlaß dazu gehabt haben; denn die freien Bürger in Rom und Athen haben von der Arbeit nicht viel gehalten, die „Muße" war ihnen das Ideal, den Tag auf dem Markte zuzubringen, um Neues zu erfahren, Gerichtsverhandlungen beizuwohnen, öffentliche Lustbarkeiten zu besuchen u. dgl., aber von der Arbeit hielten sie wenig. In den Memorabilien des Xenophon wird schwerlich ein Wort des Sokrates vorkommen, welches die Arbeit empfiehlt, und Sokrates hätte es doch wol nöthig gehabt. Wenn Christus dort aufgetreten wäre, hätte er wol Gelegenheit dazu gehabt; aber bei dem damaligen Israel verstand sich das Arbeiten von selbst; in Israel würde es wunderlich erschienen sein, die Arbeit zu empfehlen. Wir wissen, daß selbst jeder Rabbiner ein Handwerk lernen mußte. Wir sehen also, wie hoch hier die Arbeit geschätzt wurde. Sie wird als selbstverständlich vorausgesetzt von dem Herrn. So wenn er sagt: Jeder Arbeiter ist seines Lohnes werth, was auch bei Paulus ein paar mal vorkommt. Es muß also ein gäng und gebes Wort in der ersten Christenheit gewesen sein; es hat aber die Arbeit als selbstverständlich zur Voraussetzung. Oder in der Parabel von den Arbeitern im Weinberge: den Tag über haben sie gearbeitet, am Abend bekommen sie ihren Lohn. Christus heißt in Nazareth nicht blos der Zimmermannssohn, sondern selbst auch der Zimmermann (Mark. 6, 3); er hat der Arbeit obgelegen bis zum 30. Jahre, bis sein Beruf ihn ganz in Anspruch nahm. Dieses Bild Christi des Arbeiters hat sich also bewahrt in der ersten Kirche. Es findet sich ferner eine interessante Stelle, nicht im kanonischen Text der Evangelien, sondern in der Handschrift D aus dem 6. Jahrhundert, die gewiß auf die erste Zeit zurückgeht, nach Luk. 6, 4 eingeschoben im Zu-

Die antik-heidnischen Wurzeln des röm.-kath. Vollkommenheitsideals.

sammenhange der scheinbaren Sabbatverletzungen Jesu: „Er sah am Sabbat einen arbeiten und sprach zu ihm: Wenn du weißt, was du thust, wohl dir! Wenn du es aber nicht weißt, so bist du verflucht und ein Uebertreter des Gesetzes"! Es ist allerdings ein Wort, das dem Mißverständniß ausgesetzt ist, und darum wol beiseite gelassen; aber ein solches Wort der Freiheit ist gewiß nicht erst später erfunden, sondern stammt aus ursprünglicher Tradition. Es gibt kaum einen stärkeren Beweis für das Recht der Arbeit als dieses Wort im Kreise Israels: Wenn du weißt, was du thust, d. h. wenn du mit gutem Gewissen thust, was du thust, dann ist es gut. Wenn mit bösem Gewissen, dann bist du ein Uebertreter. Ferner kennen wir ja jenes Wort Pauli: „Wer nicht arbeiten will, der soll auch nicht essen", welches für die Disciplin der Christen der ersten Gemeinde maßgebend war. Oder das andere: „Arbeitet mit eueren Händen, daß ihr (nicht blos für euch habt, sondern auch) habt zu geben den Bedürftigen". Es gibt keine völligere Rechtfertigung der Arbeit. Also auch mit der Ablehnung der Arbeit und dem Vorbild eines arbeitsscheuen Mönchthums im Leben des Herrn ist es nichts.

Aber die Ehe war in Christi Augen doch gering geschätzt, meint z. B. Strauß, wie ja Jesus selbst ehelos war; also gehört die Virginität nach urchristlicher (d. h. Christi und der Apostel) Anschauung zur Vollkommenheit. Aber man kann die Ehe nicht stärker als Gottes Ordnung anerkennen, als es Christus thut, wenn er auf die Schöpfungsordnung Gottes zurückgeht (z. B. Matth. 19, 4—6). Und thatsächlich hat er Haus, Ehe und Familie anerkannt, wie er nur konnte. Er war seinen Aeltern unterthan, er lebte im Hause, er hat die Pflichten eines Erstgeborenen erfüllt, indem er nach seines Pflegevaters Tode mit seiner Handarbeit die Familie ernährte. Er hat sich gegen seine Brüder und Schwestern (wie wir sie zu verstehen haben, ist gleichgültig) als ein Bruder gehalten. Er hat wol für seinen Beruf nicht Mutter ꝛc. gehabt; aber noch am Kreuze hat er für seine Mutter gesorgt und sie seinem Lieblingsschüler übergeben, wie nur ein Sohn für seine Mutter sorgen kann. Wie er die Kinder gesegnet und geherzt hat, daran brauchen wir nicht zu erinnern. Seine Jünger nennt er seine Hausgenossen. Er ist der Hausvater im Kreise seiner Jünger. Das ist das Bild einer Familie. Also daran ist nichts, daß Christus das Haus verachtet hätte; er hat es gewerthet, wie man es nur werthen kann; hat er doch auch eine Hochzeit verherrlicht mit seinem ersten Wunder. Nicht ohne Grund gebrauchen wir diese Geschichte oft bei Trauungen. Aber Paulus? Hier könnte es ja anders erscheinen. Er scheint eine andere Stellung einzunehmen. 1 Kor. 7 empfiehlt er das Eheloßbleiben, wenn er auch die Ehe nicht verwirft. Warum empfiehlt er den ledigen Stand? Damit man sich in jenen bedrängten Zeiten nicht etwa mehr Sorge und Versuchungen auflade, als man etwa ohne Gefährdung tragen kann. Man kann aber die Ehe nicht höher würdigen als Paulus Eph. 5, wo er das Höchste, die Gemeinschaft Christi mit seiner Gemeinde, im irdischen Bilde der Ehe abgebildet und dargestellt hat.

Aber Jesus hat keinen Sinn für Staat und Politik gehabt? Wie jene römische Vollkommenheit sich nicht um Staatswesen und Politik gekümmert hat, so auch Christus nicht. Er hat allerdings nicht politischen Parteiversammlungen beigewohnt. Das wäre damals auch in Palästina nicht wohl angegangen; Pontius Pilatus und Herodes hätten das nicht gelitten. Aber er hat das Grundwort der ganzen christlichen Staaten- und Gesellschaftsordnung ausgesprochen in dem bekannten Worte: „Gebet dem Kaiser, was des Kaisers ist" 2c. Diese Sonderung der beiden Gebiete und doch diese Verknüpfung, die darin liegt, diese Erkenntniß überschreitet die ganze vorchristliche Zeit. Davon hat die ganze vorchristliche Zeit keine Ahnung gehabt. Dies ist die Grundlage der ganzen christlichen Staatenordnung geworden. Christus hat nur die Prinzipien festgestellt. Wenn aber Paulus Röm. 13 sagt: Die Obrigkeit ist von Gott geordnet, und unsere Pflicht ist es, der Obrigkeit zu gehorchen, so ist dies das Grundwort unser politischen Gedanken und Reden geworden.

Wenn man aber Wissenschaft und Kunst beim Herrn vermißt — er sollte doch nicht ein Kulturprogramm aufstellen? Seine Aufgabe war, das Verhältniß von Mensch und Gott recht zu stellen; von da aus ergibt sich alles andere von selbst. Und die Geschichte zeigt, welch ein Segensstrom für alle Kulturgebiete aus dem Quell geflossen ist, den der Herr in der Geschichte der Menschheit eröffnet hat. Wir dürfen also wol sagen: jenes Vollkommenheitsideal des Asketen und Mönches hat keinen Anhalt an der Person Christi und seiner Jünger; ein ganz anderes Bild stellt sich uns in ihm vor Augen. Dies war die erste These: jenes Vollkommenheitsideal ist nicht christlich.

Dies Ideal ist vielmehr heidnisch, antik-heidnisch. Das ist der zweite Satz. Wie stand es im antiken Heidenthum mit jener „schönen Sinnlichkeit", welche z. B. Strauß so sehr rühmte, und worüber z. B. der alte nürnberger Rektor Roth gegen Strauß in den „Kritiken und Studien" eine Abhandlung veröffentlicht hat, welche diese „schöne

Sinnlichkeit" in ihrer Wirklichkeit beleuchtete? Gewiß, wir werden stets gern zurückkehren im Geiste zu den edlen Gestalten der Antike und uns daran erfreuen und erquicken. Aber wir können doch auch nicht die Augen gegen die tiefen Schatten verschließen, wie sie in den Niederungen, ja auf dem breiten Volksleben der antiken Zeit lagen. Wenn Sokrates mit seinen Schülern zur Hetäre Theodora geht und sich mit ihr unterhält über die Kunst, Männer zu fangen, so zeigt das doch eine Abstumpfung des sittlichen Gefühls, von welcher wir keine Ahnung haben. Welches war nun aber der sittliche Vorstellungskreis der Philosophen, welche der Moral neue Stützen geben wollten, als seit dem peloponnesischen Kriege die alten Stützen wankend geworden? Wir müssen hier einen kleinen Ausflug in das Gebiet der antiken Moralphilosophie machen. Sokrates sucht, vom Nächstliegenden ausgehend, auf dem Wege der s. g. Induktion und durch Gewinnung der Definition alles auf den Begriff zurückzuführen: hat man den Begriff der Sache, dann hat man die Sache selbst; hat man den Begriff einer Tugend, so hat man diese Tugend selbst. Wir lächeln jetzt darüber, auf dem Wege des Begriffs zum Besitz zu gelangen. Wir dürfen wol sagen: es macht seinem Herzen Ehre, wenn er glaubt, man könne nicht wissen, was Gerechtigkeit ist, ohne sie auch zu lieben. Allein die Erfahrung spricht doch zu sehr dagegen. Sokrates, so sehr er sich im gewöhnlichen Leben bewegte, war doch in diesem Stück zu sehr Idealist und Optimist. Der Fehler dieses Verfahrens ist: den Begriff zu gewinnen, ist ein Akt unseres Intellektes; so soll also hier auf dem Wege des Geistes, auf der Bahn der Geistigkeit die Sittlichkeit gewonnen werden. Dieser Irrthum des einseitigen Intellektualismus geht durch die ganze Geschichte herab; es ist der gemeinsame Irrthum der ganzen antiken Moral. Verfolgen wir ihre Geschichte! Wenn Plato über diesen Begriff, den wir uns bilden, sich erhebt in die Welt der Ideen, welche die Ideale dieses irdischen Daseins sein sollen, so ist dies doch auch nur der Aufschwung des Geistes. Wenn wir, meint er, diese Welt der höheren Ideen geistig schauen, entzündet sich die Liebe zu ihnen; dadurch werden die Ideale in die Welt hereingetragen. Freilich mußte er gestehen: der Stoff der Welt ist allzu spröde und die Materie der Welt ist allzu hart, als daß die Ideale sich in ihr verwirklichen ließen. Es blieb bei dem Auseinanderklaffen der Ideale und der Wirklichkeit dieses irdischen Daseins; diese Wirklichkeit verhält sich ablehnend dazu, sodaß jene Ideen sich nicht durchführen lassen. Er weiß keinen anderen Rath als: wir müssen dieses sinnliche Dasein verlassen — philosophiren heißt sterben. Sollen wir nach dem Tode die Verwirklichung erwarten? Aristoteles ist der nüchterne Grieche: der Tod ist überhaupt nichts Gutes, sagt er. Also wie können wir das Ziel nach dem Tode erwarten? Wie es nach dem Tode aussieht, ließ er dahingestellt. Er sucht anders zu helfen. Wir müssen, lehrt er, unterscheiden zwischen dem gewöhnlichen Leben und seiner aktiven Tugend, d. i. der gewöhnlichen Sittlichkeit, die man auf dem Wege der Uebung und Gewöhnung erlangt, und der höheren Sittlichkeit des Philosophen, die sich in der Sphäre der Vernunft bewegt und Sache der Erkenntniß ist. Darin wird der Mensch Gott ähnlich; denn Gott ist das ruhende Denken; wenn wir im ruhenden Denken leben, erheben wir uns zur Aehnlichkeit der Gottheit. Da haben wir die zwei Stufen: des gewöhnlichen Menschen und des Philosophen. Das ist jene Aristokratie des Geistes („odi profanum vulgus et arceo"), von welcher die ganze Denkweise der antiken Welt beherrscht ist. Diesen Philosophen nun stellt die Stoa dar im Idealbild des Weisen, auf den sie alle Vollkommenheiten überträgt, aber mit dem leidigen Geständniß nicht blos Cicero's, er habe noch keinen Weisen gefunden. Hier haben wir also die zwei Stufen des Sittlichen: die erste der gewöhnlichen Sittlichkeit, welche die gewöhnlichen Pflichten oder Tugenden des rechtschaffenen Mannes erfüllt, und die höhere Stufe der vollkommenen Sittlichkeit, die nur Sache des Weisen ist. Diese besteht darin, daß man sich um die irdischen Dinge möglichst wenig kümmert, die Welt verachtet, die Menschen geringschätzt, von seiner stolzen Höhe auf sie herabschaut nach dem Grundsatz: „leide, meide". Das ist aber eine blos negative Sittlichkeit, nicht geeignet, die Welt zu reformiren. Also auf dem Wege der Entsinnlichung, der Weltverneinung will man zu dieser Vollkommenheit gelangen. Die Gleichgültigkeit gegen die Welt haben die Kyniker zur Schau getragen und eine Eitelkeit daraus gemacht. In dieser Weltverneinung nun setzt die letzte Gestalt der antiken Philosophie ein: der Neuplatonismus. Er lehrt das innerliche Sicherheben in die Regionen der Gottheit. Gott ist das ruhende Sein. Wenn wir von dieser Welt der Bewegung ausgehen und innerlich in der Ekstase uns aufschwingen zur Welt der überweltlichen überseienden Gottheit, nehmen wir theil an ihrem Leben, an den himmlischen Reigentänzen dieser höheren Welt. Porphyrius erzählt freilich, daß sein Lehrer Plotin, solange er in seiner Nähe weilte, nur vier mal in solcher Weise dem irdischen Dasein entrückt worden sei. Das heißt also: die sittliche Höhe und Vollkommenheit in die mystische Ekstase setzen. Im übrigen sucht Plotin die sittliche Vollkommenheit darin, daß er sich möglichst des

Sinnlichen enthält, des Fleisches, Weines, vor allem der Ehe. Plotin schämte sich, einen Leib zu haben.

Der gemeinsame Irrthum dieser ganzen Entwickelung und insonderheit ihrer letzten Stufe ist der: der Weg der Geistigkeit, der Weg der Entsinnlichung ist der Weg der Versittlichung. Aber zwischen diesen beiden Gebieten liegt eine große Kluft, wie wir alle wissen. Man glaubte nun in der alten Kirche, das sei es, was das Neue Testament lehrt, wenn es vom Gegensatz von Geist und Fleisch redet; also folgerte man, nicht dem leiblichen Dasein, sondern der geistigen Erhebung muß man leben. Aber wir wissen alle, daß das im Neuen Testament ganz anders gemeint ist: nicht im Sinne des Gegensatzes von Leib und Geist, sondern im Sinne des sittlichen Gegensatzes. Man kann auch in Hochmuth und anderen Gedanken im Fleische leben, wie der Apostel sagt, und man kann auch im Geiste Gottes stehen, während man im Leibe lebt. Es ist der gemeinsame Grundirrthum aller heidnischen Religion, Naturreligion zu sein, und so der gemeinsame Irrthum aller heidnischen Moral, Naturmoral zu sein, aus dem Ethischen etwas Physisches zu machen. Entweder so wie im Anfange: daß man die Natur schlechthin für gut hält, oder wie am Ende: daß man sie schlechthin für böse hält.

So ging denn diese irrige Denkweise in die Kirche über. Es ist ja begreiflich: die ersten Lehrer kamen aus dem Heidenthum, aus der heidnischen Wissenschaft, aus der heidnischen Geisteswelt; sie schätzten die Philosophie hoch; sie waren damit genährt; so lag ihnen diese ganze Denkweise nahe, und sie meinten, im Christenthum nun die Verwirklichung dessen zu haben, was dort nur Ideal und Postulat bleiben mußte.

Mit diesem Gedankenkreis nun aber, den man herübernahm, haben wir vollständig das römische Vollkommenheitsideal. Wir haben hier die doppelte Moral: die gewöhnliche und die höhere, wie bei Aristoteles und der Stoa; die gewöhnlichen Pflichten und die höheren Pflichten. Die höheren Pflichten des Philosophen sind hier nur eben die des Mönches, des Asketen. Ambrosius überträgt ohne weiteres den Gegensatz der niederen und der höheren Stufe der Stoa auf das Christenthum; er unterscheidet die gewöhnlichen Christen im Leben der Welt und die Auswahl der vollkommenen Christen. Wenn dort die Philosophen die Aristokratie bilden, so sind es hier die Mönche. In der alten Kirche nennt man das Mönchthum Philosophie; dem Mönchthum sich widmen hieß der Philosophie sich widmen; noch bei Chrysostomus herrscht dieser Sprachgebrauch. Welches ist nun aber die Höhe dieser mönchischen Vollkommenheit? Die Kappadocier z. B. nennen es: die immaterielle Daseinsweise, das engelische Leben; es ist die Weltverneinung, die Entsinnlichung; das ist die Höhe der Sittlichkeit. Die letzte Stufe aber ist jene neuplatonische mystische Ekstase. So ist es auch in der römischen Kirche, und so auch z. B. in der deutschen Mystik. So viel Schönes bei Meister Eckhart und Tauler sich findet, sie rühmen doch die heidnischen Meister Plato und Plotin, welche schon die Wahrheit erkannt haben. Die Ethik der Mystik ist ebenfalls die innere Versenkung der Seele in den Urgrund des göttlichen Wesens oder die Erhebung der Seele zur Höhe der Gottheit. Das ist aber jener alte Irrthum: der Weg der Entsinnlichung ist der Weg der Versittlichung. So ist es in die römische Mystik der nachreformatorischen Zeit übergegangen, in die spanische Mystik einer Theresia von Jesu 2c. Und z. B. bei der Frau de la Guyon, für welche Fenelon eintrat, ist es ebenso: Es ergießen sich die Ströme des inwendigen Lebens in das Meer der Gottheit. Das kontemplative Leben steht viel höher als das aktive. Maria hat das bessere Theil erwählt; denn sie vertritt das kontemplative Leben, Martha das aktive. Dies ist die stetige Vergleichung. Der Gedanke der Nachfolge des armen Lebens Christi geht durch das ganze Mittelalter hindurch. So viel Schönes Thomas a Kempis bringt, so theilt er doch auch jenen Irrthum. Er muß evangelisch gereinigt werden, wenn er für uns tauglich werden soll.

Aber auch nach der Reformation begegnen wir diesem Irrthum: bei den Wiedertäufern mit ihrem fanatischen Wesen. „Wehe euch, die ihr lacht" riefen sie denen entgegen, welche etwa lachten. Und z. B. jener Verfasser der ersten deutschen Grammatik, Ickelshamer, meint: „das wolle ihm nicht gefallen, daß Luther in einem schönen Gemach sitze und mit den Doktoribus Bier trinke, da doch nöthigere Dinge zu thun seien". Luther hat es doch wol an diesen nöthigen Dingen nicht fehlen lassen. Auch im Pietismus ist im Grunde dieselbe asketische Weltverneinung maßgebend, welche auf diesem Wege zum christlichen Vollkommenheitsideal kommen will. Dem gegenüber dürfen wir sagen: Luther hat die Sache wieder richtiggestellt mit jener Wahrheit: Glaube an den Herrn Jesum Christum, dann stehst du der Welt frei gegenüber und kannst ihrer in Gottes Namen gebrauchen, wie du willst, und erfülle die Werke deines Berufs. Dies ist der Gegensatz von evangelischem und römischem Vollkommenheitsideal.

Aber sollen wir doch nicht aus der Welt ausgehen, um nur in Gott zu leben. „Dich alleine ich nur meine"; „Ich will dich lieben, meine Stärke"; „Wir sollen Gott über alle Dinge lieben"; „Wenn ich nur dich habe, so frage ich nichts nach Himmel und Erde"? Schließt demnach nicht das Christenthum die Weltverneinung in sich? Gewiß, die Verneinung der sündigen Welt. Und auch, richtig verstanden, das Ausgehen aus der Schöpfungswelt; sie muß unserem Auge innerlich entschwinden, damit wir Gott allein gegenüberstehen, aber doch nur, damit wir von dem inneren Heiligthume Gottes wieder ausgehen, um unser Tagewerk zu verrichten, gewaschen und gesalbt in der Gegenwart Gottes, hinausgehen in die Welt des Staubes und der Arbeit, in die Welt, darein wir gestellt sind. „Nicht daß du sie von der Welt nehmest, sondern daß du sie bewahrest vor dem Uebel." Das ist die richtige Mystik des christlichen Lebens; Einkehr in die Stille, aber nur damit wir dann ausgehen in das Leben der Arbeit. Das ist unser Beruf und unsere Aufgabe. Nicht daß jene Weltabgezogenheit Zweck sei — das ist der Irrthum der Mystik — sondern daß sie Mittel sei, Durchgangsstufe für die Erfüllung unserer Weltaufgabe. Gott ist nicht, wie jene meint, das ruhende Sein, sodaß unsere Höhe darin bestände, daß wir ruhen und ruhend genießen, sondern Gott ist der heilige Wille; so also auch unser Leben ein Leben des Willens und unser Leben in der Welt ein Leben des Wirkens. Und ob wir straucheln darin — niemand kommt ohne Wunden aus dem Streite des Lebens — so kennen wir alle doch das Blut, das uns rein macht. Ist nur das Herz richtig gestellt, dann sind wir auf dem Wege zu diesem Ziele, wo „alle Schwachheit um und an, von uns wird sein abgethan". Dies ist das evangelische Vollkommenheitsideal gegenüber dem römischen, und wir sind gewiß, aus der Schrift gewiß, darin das rechte Vollkommenheitsideal zu besitzen.

Römisch-jesuitische Moral.

Unter allen Moralkompendien der römischen Kirche ist kein anderes gegenwärtig so verbreitet wie das des Jesuiten Johann Peter Gury (Compendium theologiae moralis a. P. Ioa. Petr. Gury S. J. in seminario Valsensi prope Anicium quondam professore. Editio in Germania IV. ad editionum romanarum fidem impressa, emendata et permultis additamentis aucta. Regensburg 1868 [XX, 1014 S. gr. 8]). Die Professoren des mainzer bischöflichen Seminars „konstatiren die Thatsache, daß dasselbe in zahlreichen Unterrichtsanstalten (nach genauerer Angabe in 45 Seminaren) Deutschlands, Italiens, Frankreichs, Belgiens, Englands und Norbamerikas in Gebrauch ist und von den Autoritäten der katholischen Kirche und der katholischen Wissenschaft als ein durch seine Kürze und Präcision sehr brauchbares Handbuch anerkannt ist, welches sich in allem treu an die Lehre der katholischen Kirche und die allgemeine und bewährte Doktrin der katholischen Theologen aller Zeiten und aller Länder anschließt". Freilich müssen wir darauf sagen: um so schlimmer! denn es ist ein verderbliches Buch.

Schon seit Jahren hat man, besonders in Hessen-Darmstadt, ernste Bedenken dagegen erhoben. Bereits im J. 1866 brachte die „Allgemeine Kirchenzeitung" einen Artikel darüber. In ihrer Abwehr der Angriffe, welche die Reformation und die evangelischen Kirchen vom mainzer Bischof in seiner Schrift über „Die wahren Grundlagen des religiösen Friedens (Mainz 1868) erfuhren, haben die drei evangelischen Superintendenten des Großherzogthums Hessen (Zimmermann, Simon und Schmitt) jenem Buch vorgeworfen, daß es „die Grundsätze der Kasuistik, des Probabilismus, der Mentalrestriktion 2c." lehre, und darin „Dinge zur Sprache gebracht werden, die eine Bekanntschaft mit den abscheulichsten Gestalten des Lasters voraussetzen, wie man sie nur bei den versunkensten Verbrechern voraussetzen kann". Darauf veröffentlichten die Professoren des mainzer Seminars in der „Mainzer Abendzeitung" (1869, 28. April) eine Erwiderung, in welcher sie diese Anklagen durch die Berufung auf den allgemeinen Gebrauch des Buchs und die Autoritäten ihrer Kirche niederzuschlagen suchten, und gegen den andern Vorwurf sich darauf beriefen, daß auch die Juristen die ärgsten Verbrechen und die Mediciner die schlimmsten Krankheiten kennen lernen müßten, und daß man die Bibel, in welcher von geschlechtlichen Dingen so rückhaltlos die Rede sei, den Kindern in die Hand gebe. Diese Vertheidigung machte den hessischen Superintendenten die Antwort leicht. Sie konnten mit Recht daran erinnern, daß durch jene Beschäftigungen kein Jurist zu einem Verbrechen gereizt und in keinem Mediciner die Lust nach einer solchen Krankheit geweckt werde, daß dagegen die Bekanntmachung mit allen Spezialitäten des geschlechtlichen Lebens und der geschlechtlichen Sünden nothwendig in den jungen Leuten die Begierde errege und die Phantasie beflecke. Die Berufung auf die H. Schrift aber konnten sie mit Fug und Recht als eine Beleidigung derselben zurückweisen: denn es ist allerdings ein sehr großer Unterschied zwischen der Art, wie die H. Schrift und wie der Jesuit Gury diese Dinge behandelt.

Eine neue Anregung erhielten diese Verhandlungen durch ein paar literarische Veröffentlichungen. Ein hessischer Pfarrer, C. W. Linß, stellte in einer Broschüre „Das Handbuch der theologischen Moral des Jesuiten Gury und die christliche Ethik" (Friedberg 1869 [VI, 56 S. 8]) einander gegenüber. Wir theilen nicht die Art des „Protestantismus", welche Linß vertritt, aber wir müssen sein sittlich verwerfendes Urtheil anerkennen. Er legt den Maßstab „der Wissenschaft", „des Zwecks der Ethik", „des göttlichen Gesetzes", „des öffentlichen Rechts" und „des Staatswohls" an Gury's Moral an und weist bei jeder dieser Betrachtungen die Verwerflichkeit des Buches nach. Um dieselbe Zeit erschien in der „Main-Zeitung" (1869, Nr. 177) ein Artikel „Wer bringt das deutsche Volk um sein Gewissen? Eine Anfrage an den Hrn. Bischof Ketteler von Mainz" von einem „apostasirten Priester" wie Ketteler sagt. Und von der Presse ging die Debatte in die hessische Kammer über und der Minister v. Dalwigk hat versprochen, dies Lehrbuch von seiten seiner Moral- und Rechtsgrundsätze untersuchen zu lassen.

Diese Angriffe veranlaßten dann den Bischof Ketteler selbst mit einer Schrift für jenes Lehrbuch einzutreten („Die Angriffe gegen Gury's Moral-Theologie in der Main-Zeitung und der zweiten Kammer zu Darmstadt." Mainz 1869 [62 S. gr. 8]). Er wendet sich an „alle reblichen und unparteiischen Männer" gegen das Treiben der „Hetzerpartei", welche „die große Majorität" der Protestanten in Hessen „gegen die Minderzahl ihrer katholischen Mitbrüder zu einer fanatischen Unduldsamkeit aufzuregen" suchen. So benutzt er diese Gelegenheit, aus der Vertheidigung Gury's einen Angriff auf den „Liberalismus" und seinen „Despotismus" zu machen und dadurch seinem Schützling zu Hülfe zu kommen — eine Methode der Vertheidigung, durch welche die Klarheit über die eigentliche Frage, um die es sich, abgesehen von von allem Persönlichen, handelt, nicht gerade gefördert wird. Enthalten wir uns deshalb aller solcher persönlichen Ausfälle und Exkurse und fassen wir die Sache selbst ins Auge! Sie ist wol der Mühe werth; denn es handelt sich hier um ein wesentliches Interesse unserer Nation. Es sind Söhne unseres Volks, welche mit der Nahrung, welche jenes jesuitische Morallehrbuch bietet, gespeist werden. Und es ist die herrschende Partei der römischen Kirche, welche für jene Moral eintritt. Und es ist der ganze Gegensatz zwischen Rom und Evangelium, welcher sich uns in dieser einzelnen Erscheinung wieder vor Augen stellt.

Ketteler schickt seiner Schutzrede voraus, daß Gury's Kompendium wegen seiner „Kürze" der Gefahr ausgesetzt sei, entstellt und verdreht oder mißverstanden zu werden. Und schon die Professoren des mainzer Seminars hatten seine „Kürze" mit Betonung hervorgehoben. Wir müssen bekennen, die „Kürze" ist sein geringster Fehler. Es hat 1014 doppelspaltige enggedruckte Seiten. Bei einem solchen Umfang kann man sich gegen Mißverständnisse einigermaßen sichern. Und zahlreiche Anmerkungen, welche theilweise von späterer Hand hinzugefügt worden sind, suchen obendrein jener Gefahr noch mehr vorzubeugen und manche der bedenklicher lautenden Aeußerungen zu mildern und einzuschränken. Bei solchem großen Umfang wird man es daher auch entschuldigen, wenn wir bekennen, daß wir das Buch nicht von Anfang bis zu Ende durchgelesen haben. Ist es doch auch in einem so barbarischen Latein geschrieben, daß dadurch einem Leser, der solchen Lateins ungewohnter ist, das Verständniß oft wesentlich erschwert und die Lust zur Lektüre wahrlich nicht vermehrt wird.

Jene mainzer Vertheidiger rühmen, daß das Buch auch von den Autoritäten der katholischen Wissenschaft als ein sehr brauchbares Handbuch anerkannt sei. Ketteler beschränkt sich darauf, nur von der Anerkennung der Bischöfe zu reden. Und wir glauben, er hat gut daran gethan. Denn das Urtheil der Vertreter katholischer Wissenschaft lautet ziemlich abfällig. Der Professor der Moral in Bonn, Simar, würde in der Vorrede zu seinem vortrefflichen „Lehrbuch der katholischen Moraltheologie" (Freiburg 1867) jenem Kompendium nicht mit so starken Worten wie er thut allen wissenschaftlichen Werth absprechen — und man fühlt leicht durch, daß nur Rücksichten ihn abhalten, noch stärkere Worte zu gebrauchen — wenn er mit diesem Urtheil sich allein wüßte. In der 2. Aufl. vom J. 1877 ist diese Verurtheilung allerdings mit der Vorrede zur 1. Aufl. überhaupt weggefallen. Man wird sich wohl denken können, warum das geschehen ist.

Jenes Urtheil aber ist ein berechtigtes. Das Buch ist nicht eine zusammenhängende Darstellung der christlichen oder der katholischen oder jesuitischen Moral, sondern es besteht aus einer Reihe einzelner Traktate (über die menschlichen Handlungen, das Gewissen, die Gesetze, die Sünden, die Tugenden, die zehn Gebote, die Gebote der Kirche, Recht und Gerechtigkeit, Kontrakte, die verschiedenen Stände, die Sakramente im allgemeinen und im einzelnen, die Censuren, die Unregelmäßigkeiten, die Indulgenzen und Jubiläen), in welchen die aufgestellten Sätze und Fragen meist durch Beibringung einzelner Autoritäten bewiesen und entschieden werden. Die Berufung auf die Autoritäten ist an sich nicht zu tadeln. Vielmehr ist es ein Mangel der gewöhnlichen Behandlung der Ethik bei uns Evangelischen, daß von der Geschichte der sittlichen Grundsätze und Anschauungen der Kirche allzu sehr abgesehen wird. Aber wenn Ketteler in seiner Vertheidigung mit einem gewissen Stolz den Zusammenhang der Tradition in der Moraltheologie von den Tagen der „Kirchenväter bis heute" betont (S. 3), so deckt sich damit der Thatbestand in Gury's Lehrbuch doch viel weniger, als diese Worte scheinen machen wollen. Schon ein Blick in das Verzeichniß der Schriftsteller, welches angefügt ist, zeigt, daß es fast ausschließlich nachreformatorische Theologen sind, welche Gury berücksichtigt, und mit Vorliebe jesuitische Moralisten, wie Busenbaum und Suarez (nach genauer Zählung 20 Jesuiten unter 45 Schriftstellern der frühern Zeit), vor allem aber den Stifter der Redemptoristen Alphons Maria de Liguori (gest. 1782, kanonisirt 1839, endlich 1871 von Pius IX. zum „Lehrer der gesammten Kirche" ernannt), der sich an Busenbaum angeschlossen und vor andern in der römischen Kirche zur Autorität in Fragen der Moral geworden ist. Es ist also eine ziemlich einseitige und beschränkte Berücksichtigung der Tradition, welche Gury übt. Er ist mehr römisch als im eigentlichen Sinn katholisch.

Dieses häufige Zurückgehen auf Autoritäten, und zwar die der jesuitischen Periode der römischen Kirche, hängt mit dem ganzen Charakter und der Aufgabe des Buchs zusammen. Es nennt sich ein Kompendium der Moraltheologie, aber es ist ein Handbuch der Beichtpraxis. In der Anleitung für den Beichtstuhl geht hier die ganze Moral auf. Darin geht denn auch alle wissenschaftliche und systematische Behandlung der Moral natürlich unter. Und doch — bemerkt Simar in jener Vorrede zu seinem Lehrbuch mit Recht — muß eine wissenschaftliche und zusammenhängende Erkenntniß der christlichen Moral jener Anleitung vorangehen und zu Grunde liegen, wenn dieselbe gesund und wohlthätig sein und nicht zu einer blosen Abrichtung werden soll Diese Bestimmung des Buchs übt nun die bedenklichste Rückwirkung auf den ganzen Charakter desselben und auf die gesammte Behandlung der sittlichen Fragen.

Nach römischer Lehre ist der Beichtiger ein Richter, der über die vorliegenden Fälle das Urtheil zu sprechen, den Grad der Uebertretung sowie die entsprechende Buße oder Strafe zu bestimmen hat. Unter diesen richterlichen Gesichtspunkt — wie denn der Beichtvater geradezu Richter genannt wird, z. B. I, § 14, 3: confessarius vel judex; § 924: officium judicis — wird denn nun auch alles gestellt. Dadurch bekommt die ganze Moral ein juristisches Gepräge. Nicht blos in einzelnen Abschnitten, wie in dem über Recht und Gerechtigkeit, oder über die Kontrakte und ähnlichen ist einem zu Muthe, wie wenn man in einem juristischen Kompendium läse, sondern diese rechtliche und gesetzliche Behandlung geht durch alles hindurch. Statt rein sittlicher Erwägungen, statt innerlicher Beurtheilung tritt ein richterliches Abwägen der äußern Handlung und ihrer einzelnen Umstände ein. Wenn es z. B. — wir greifen nur beliebig dies einzelne Beispiel heraus — I, § 14, 1 heißt: wenn jemand mit einem Weibe Ehebruch treibt, ohne zu wissen, daß diese die Schwester seiner Frau ist, so ist er zwar des Ehebruchs, aber nicht des Incestes schuldig — so ist dies eine Behandlung der Dinge, wie sie viel eher in ein Gesetzbuch, als in eine Moral gehört.

Eine nothwendige Folge davon ist, daß das Objekt der Untersuchung immer die Handlung mit ihren äußern Umständen ist. Denn dies unterliegt der richterlichen Beurtheilung. Nicht sowol die innere Herzensstellung ist hier das Entscheidende für die sittliche Beurtheilung, als vielmehr der äußere Akt und seine einzelnen Momente. So wird die sittliche Betrachtungsweise zu einer sachlichen und dinglichen. Dies ist die Folge der römischen Werklehre. Da ist es denn natürlich, daß bei den einzelnen Sünden die Größe des Objekts ein wesentlicher Faktor ist, um die Größe der Sünde danach zu beurtheilen; während doch für die sittliche Betrachtungsweise dies oft ganz irrelevant sein kann. Der Richter bestimmt die Strafe des Diebes nach der Größe des Objekts, das er gestohlen hat; aber das sittliche Urtheil entscheidet sich nach der innern Herzensstellung. Bei jeder sündigen Handlung fragt diese römische Moral, ob sie eine Todsünde oder eine läßliche Sünde sei. Denn danach bestimmt sich das Verhalten des Richters im Beichtstuhl. Was macht nun aber eine Sünde zur Todsünde? Nicht blos das sittliche Moment der Versündigung wider Gott, sondern auch die Größe des Objekts. Unter den drei Stücken, die zur Todsünde gehören, wird I, § 150 dies — die materia gravis in se vol ob circumstantias — zuerst genannt, vor den beiden andern: der vollen Erkenntniß der Sündigkeit der Handlung und der vollen Zustimmung des Willens. Eine Folge davon ist, daß eine Todsünde durch die Geringfügigkeit des Objekts zu einer läßlichen Sünde werden kann (I, § 153, 1), sowie läßliche Sünden durch die Größe des Objekts zu Todsünden werden können (I, § 155, 10)! Da liegt also das Entscheidende nicht in der innern Welt der Gesinnung, sondern in der äußern Welt der Dinge! Vergeblich sucht Ketteler in seiner Broschüre (S. 55) diese schlechte Veräußerlichung aller Moral zu vertheidigen, wenn er sich darauf beruft, daß man doch das Wegnehmen „einer Kleinigkeit, vielleicht aus Naschhaftigkeit", nicht auf gleiche Linie mit fortgesetzten kleinen Diebstählen stellen könne. Aber wenn jenes nun nicht „aus Naschhaftigkeit", sondern etwa aus Bosheit oder ähnlichem geschieht — hat dem gegenüber die Größe oder die Geringfügigkeit des Objekts noch irgendeine Bedeutung? Für das bürgerliche Gesetz wol, aber vor dem Richterstuhl des Herzenskündigers nicht. Jene Betrachtungsweise verdirbt die Moral im Fundament. Und der Hr. Bischof hatte bei solcher Lage der Sache keinen Grund, so stolz, wie er thut, seinen Gegnern entgegenzuwerfen, daß sie von diesen Dingen der Moral nichts verständen.

Und welches Feld der Willkür thut sich nun hier auf! Denn was ist ein großes, was ist ein geringes Objekt? Wer will das bestimmen? Ein bürgerliches Gesetzbuch mag willkürliche Grenzbestimmungen treffen; denn irgendwelche Unterschiede müssen gemacht werden. Aber eine Moral muß nicht nach Belieben, sondern aus der innern Natur der Sache heraus urtheilen; denn nur dann ist es ein sittliches Urtheil. Denn zum Wesen des Sittlichen gehört objektive Gewißheit und Ausschließung des willkürlichen Beliebens. Was gibt es Willkürlicheres als zu bestimmen, wie viele Franken dazu gehören (damit beschäftigt sich I, § 606 und 607), um einen Diebstahl zu einem großen oder kleinen oder die Sünde zu einer Todsünde oder zu einer läßlichen Sünde zu machen? Da hört alle sittliche Betrachtungsweise und alle Ethik auf. Oder es ist das Quantum der Zeit, nach welchem die Schwere der Sünde abgemessen wird. So wird z. B. die Sünde für eine schwere erklärt, wenn man am Sonntag s. g. knechtische Arbeiten verrichtet, sobald diese auf zwei Stunden ausgedehnt werden, dagegen bei weniger knechtischen Arbeiten drei Stunden dazu gehören, um eine schwere Sünde herbeizuführen, während es keine schwere, sondern nur eine läßliche Sünde ist, wenn einer an einem Feiertag sechs Dienstboten gebietet, daß jeder eine Stunde arbeitet (I, § 359).

Solche Thorheiten sind die Folge davon, wenn in einer Moral die äußere Handlung zum Objekt der Beurtheilung gemacht wird, statt vor allem nach der innern Gesinnung und Herzensstellung zu fragen. Dies hat aber dann wieder eine sich zersplitternde und veräußerlichende Kasuistik zur Folge, sowie eine Unsicherheit des Urtheils, die auf Schritt und Tritt offenbar wird und mit Nothwendigkeit zur schlechten Aushülfe des Probabilismus führt.

Was zunächst die Kasuistik anlangt, so tritt sie uns hier in der speziellsten und wunderlichsten Gestalt entgegen. Alle möglichen denkbaren und undenkbaren Fälle werden ausgedacht und zur Entscheidung vorgelegt — bis zu so wunderlichen Fragen, wie (I, § 182, 2): ob man sich berauschen dürfe, um dem Tod zu entgehen? Und um diese Frage entscheiden zu können, werden vorher die Zeichen eines Rausches (I, § 182, 1) genau aufgezählt und nicht minder festgestellt, welche Erscheinungen (z. B. Unsicherheit der Füße u. dgl.) noch nicht Zeichen eines Rausches seien. Doch bei solchen Beispielen ist die Spezialisirung nur wunderlich oder lächerlich, aber noch nicht gerade bedenklich. Ganz anders wird es aber auf geschlechtlichem Gebiet. Wir müssen auf dieses am Schluß noch einmal zurückkommen. Hier wollen wir nur von der Kasuistik sprechen, die sich hier in einer Weise breit macht, daß darüber nicht blos alle Wissenschaft aufhört, sondern auch die Moral in Gefahr kommt. Wir heben nur etliche solcher speziellen Fragen heraus, die hier ihre eingehende Beantwortung finden. Ob eine Frau schwer sündigt, wenn sie mit entblößter Brust geht? Ob eine Frau schwer sündigt, wenn sie männliche Kleider anzieht? Ob man bei Buhlerinnen im Dienst stehen darf? Ob ein Mädchen vom Liebhaber Geschenke annehmen darf? (I, § 239 und 240.) Inwieweit es Sünde ist, beim Tanz eine Frau bei der Hand zu fassen? (I, § 244, 4.) Inwiefern Furcht vor Lebens- oder Leibesgefahr einen Diener entschuldigt, wenn er seinem Herrn zur Hurerei behülflich ist? Ob der Diener der Buhlerin die Hausthüre öffnen darf? (I, § 250, 2. 3) und was dergleichen spezielle Fragen mehr sind. Statt in solchen Fällen einfach den Knoten zu durchschneiden und etwa den betr. Dienstboten zu sagen: ein Christ soll überhaupt nicht in einem solchen Dienst stehen, und wenn er darin steht, darauf bedacht sein, ihn sobald als möglich zu verlassen, werden hier immer die Grenzen ausgemessen, bis zu welchen man gehen darf, ohne schwer zu sündigen. Ueberhaupt ist nicht dies der Gesichtspunkt der Fragen und Entscheidungen: was ist das Rechte, Heilige, des Christen allein Würdige? sondern: inwieweit ist diese oder jene Handlung erlaubt? Die Durchführung eines solchen Gesichtspunkts kann nur dazu dienen, das sittliche Gefühl abzustumpfen. Denn es ist in jenen Entscheidungen nicht sowol das Gewissen thätig, als vielmehr der Verstand. Und welch ein sophistischer Verstand oft! So wenn gefragt wird (I, § 285, 2): ob alle Wollustsünden in einer Kirche oder geweihtem Ort Sakrilege seien? Und die Entscheidung lautet: wenn sie an jenem Ort nur beschlossen, aber außerhalb desselben ausgeführt worden sind, oder wenn sie nicht im Kirchengebäude selbst, sondern wenn sie in der Sakristei, im Vorhof, im abgesonderten Glockenthurm rc. vorgenommen werden, sind es keine Sakrilege. Dagegen wenn es nicht Akte der Hurerei u. dgl., sondern nur schändliche Berührungen und ähnliches sind, ist der sakrilegische Charakter der Sünde zweifelhaft. Und was dergleichen spitzfindige Unterscheidungen mehr sind.

Doch genug dieser Kasuistik. Es liegt auf der Hand, daß bei dieser Methode, sittliche Fragen zu behandeln, alles unsicher und schwankend wird. Diese Unsicherheit geht durch die ganze Moral hindurch. Schon die Hauptsache ist unsicher. Die erste und wichtigste Frage nämlich bei jedem einzelnen Fall ist diese, ob etwas eine läßliche oder eine Todsünde sei. Denn danach sollen die Beichtenden beschieden und ihre Buße abgemessen werden. Nun werden zwar die Merkmale der Todsünde aufgezählt, wie wir sie oben erwähnt haben. Aber da die Größe des Objekts ein wesentliches Merkmal bildet — wer will darüber entscheiden? Und so entsteht denn hieraus das Merkwürdige, daß auf der einen Seite jene Unterscheidung als das Wichtigste in der ganzen Moral erscheint, auf der andern Seite diese Unterscheidung selbst doch wieder ganz unsicher ist. Wie können — lautet I, § 151 die Frage — Todsünden sachlich (ratione materiae) von andern unterschieden werden? Antwort: man muß zusehen, welche Sünden von der Schrift, von der Kirche b. h. von den Päpsten und den allgemeinen Koncilien, und von den Vätern und Lehrern der Kirche als Todsünden bezeichnet werden. „Außer diesen Regeln — fährt der Morallehrer (I, § 152) fort — ist es sehr schwer zu bestimmen, wann eine Sünde schwer oder leicht sei." Und nachdem er etliche Gesichtspunkte für die Entscheidung angegeben, bekennt er: „Uebrigens können die Grenzen zwischen Todsünde und läßlicher Sünde sehr oft auf keine Weise bestimmt angegeben werden, wie aus unzähligen Streitigkeiten der Lehrer der Theologie in diesem Punkt erhellt".[1] Was soll nun diese ganze Unterscheidung, die doch als das Hauptgeschäft der gesammten Moral erscheint? Wenn man diese Moral liest, so ist es einem, wie wenn man auf einem schwankenden Schiff wäre, das bald rechts bald links sich neigt, sobaß man seekrank zu werden in Gefahr ist. Immer wieder muß man hören: die eine Meinung ist probabel, aber die entgegengesetzte Meinung ist auch probabel. So wird z. B. gefragt, ob es eine oder eine vielfache Sünde sei, alle Apostel zu lästern; und die Antwort (I, § 163) lautet: beides ist probabel — eine Antwort, die ungemein häufig wiederkehrt.[2] Wie man nun auf einem schwankenden Schiff sich anhalten muß, um nicht zu fallen, so bleibt bei solchem Schwanken der sittlichen Entscheidungen auch nichts anderes übrig, als nach einem solchen Anhalt zu suchen, d. h. sich der Autorität oder vielmehr der Majorität der theologischen Stimmen zu unterwerfen. So kommen wir mit Nothwendigkeit zum Probabilismus. Nicht unser Gewissen hat über Recht und Unrecht zu entscheiden, sondern äußere Autoritäten. In der alleräußerlichsten Weise werden die einzelnen Stimmen nicht sowol gewogen, als gezählt. Es ist die schlechteste Majoritätenherrschaft, die es in der Welt geben kann, diese Herrschaft der Majoritäten in der Moral. Wann ist eine Meinung probabel? Wenn sie die gemeinsame Ansicht der Theologen, oder wenn sie die Meinung von Thomas Aquinas und seiner Schule ist, oder auch wenn sie von fünf bis sechs rechtschaffenen und gelehrten Theologen getheilt ist; aber unter Umständen kann auch ein einzelner Vertreter eine Meinung, im Gegensatz zur gewöhnlichen Ansicht, zur Würde einer probabeln erheben (I, § 54). Da wird man denn nicht leicht in Verlegenheit kommen,

---

1) Ceterum limites inter peccatum mortale et veniale saepe saepius nullo modo determinari possunt, ut constat ex innumeris doctorum controversiis hac de re in theologia agitatis.
2) Vgl. z. B. I, § 311, 3: Suarez etc. contra alios quorum sententia est etiam probabilis; § 313: Liguori dicit utramque sententiam esse probabilem; § 314, 3 ꝛc.

wenn man den Wunsch hat, eine Meinung für probabel halten oder ausgeben zu dürfen. Denn etliche „gelehrte und rechtschaffene Theologen", oder wenigstens einer, werden sich immer finden.

Was nun bei solcher Methode herauskommt, das wollen wir nun noch an der Hand etlicher Gebote des Dekalogs zeigen. Beim zweiten Gebot wird vom Eid und von der Wahrhaftigkeit gehandelt. Bischof Ketteler ereifert sich in seiner Broschüre sehr stark gegen diejenigen, welche in diesem Punkt bei Gury die volle sittliche Strenge vermissen. Aber sehr mit Unrecht. Denn wenn Gury z. B. ausführt, daß wer in Form eines Eides ohne die Absicht zu schwören lüge, nur leicht sündige, weil dies kein Eid, sondern nur eine Lüge sei mit Hinzufügung des Namens Gottes; daß es aber eine Todsünde werden könne, wenn die Lüge einen ernsten Schaden im Gefolge hat (I, § 308, 1), oder wenn er nachweist, daß zwar Formeln wie: ich rufe Gott zum Zeugen an, und ähnliche, Eide seien, dagegen: Gott weiß es, vor Gott rede ich, so wahr Gott lebt und ähnliche keine Eide (I, § 308, 3. 4) u. dgl. m., so dient dies wenigstens nicht dazu, die Gewissen zu schärfen. Und die Bedingungen, welche er (I, § 309) fordert zur Erlaubtheit eines Eides, machen den Weg ziemlich breit und die Pforte weit. Und wenn er (I, § 311) in dem unterschiedslosen eitlen Schwören nur eine läßliche Sünde sieht, so möchte es doch nicht ganz ungefährlich sein, solche Grundsätze aufzustellen. Oder wenn (I, § 313, 1) mit Berufung auf Suarez und Liguori gelehrt wird, einen Versprechungseid nicht zu halten sei keine schwere Schuld, wenn der Gegenstand ein geringfügiger sei, so ist das zwar sehr konsequent, aber nicht sehr ethisch gelehrt.

Damit verbinden wir gleich den Abschnitt über die s. g. restrictio (oder reservatio) mentalis d. h. den Vorbehalt in Gedanken — nämlich bei Versprechungen, Aeußerungen u. dgl. Bischof Ketteler tritt hier sehr entschieden für seinen Schützling ein und rechtfertigt es, daß ein Sekretär oder dgl., wenn er von einem Richter über Dinge, welche Amtsgeheimnisse sind und zu deren Geheimhaltung er durch Diensteid verpflichtet ist, gefragt wird, nachdem er den Zeugeneid geschworen, zweideutig antwortet: darüber kann ich euch nichts sagen — eine Antwort, welche den zweifachen Sinn habe: ich weiß nichts darüber, und: es ist mir nicht erlaubt darüber etwas zu sagen. „Wer in der Welt wird nun behaupten wollen, daß dieser Sekretär durch eine solche Ausrede seinen Zeugeneid mißbraucht? Wer wird nicht vielmehr anerkennen müssen, daß er ebenso klug als treu und gewissenhaft gehandelt hat, und daß er so handeln mußte, wenn er nicht entweder seinen Amts-

und Diensteid brechen oder durch eine falsche Aussage seinen Zeugeneid verletzen wollte? Mit vollem Recht haben darum nicht blos die Moraltheologen des Jesuitenordens, sondern die Moraltheologen der katholischen Kirche überhaupt, an ihrer Spitze die von der Kirche als heilig verehrten Thomas von Aquin und Alphons von Liguori gelehrt, daß es Fälle geben könne, wo auch bei eidlichen Aussagen die restrictio late mentalis (d. h. solche zweideutige Aeußerungen, die der andere nicht mißverstehen muß, aber mißverstehen kann) zulässig, ja pflicht= mäßig sei" (S. 40). Wir werden sagen müssen: dies ist doch immer Täuscherei; viel richtiger und das einzig richtige ist es, daß in solchen Fällen der Gefragte jede Aussage verweigert ohne Rücksicht auf die möglichen Folgen. Wenn nun schon die Vertheidigung so bedenklich ist, so wird man sich leicht denken können, wie bedenklich die vertheidigte Sache selbst ist. Wie Gury (I, § 444, 2) den Beichtiger anleitet, daß er zu wissen leugnen soll — nämlich als Mensch — was er doch weiß — nämlich als Beichtiger — das ist eine Anweisung zu sophisti= schen Ausflüchten, statt zur Wahrhaftigkeit.

Beim dritten Gebot handelt Gury besonders eingehend von der Messe. Da die Gegenwart bei der Messe kirchliche Pflicht, die Ver= säumniß der Messe Todsünde ist (I, § 152, 2), so entsteht die Frage, ob dies von allen Theilen der Messe gleicherweise gilt, oder ob man nicht bei einzelnen Theilen der Messe fehlen kann, ohne eine Todsünde zu begehen? Und die Antwort lautet natürlich, nur bei dem wichtigern Theil der Messe zu fehlen ist Todsünde, bei dem unwichtigern nur läßliche Sünde. Aber freilich, welcher Theil der wichtigere sei, „das läßt sich nicht leicht bestimmen" (I, § 342)! Dazu kommt, daß es gar mancherlei Gründe gibt, die vom Besuch der Messe entschuldigen. So z. B. „die Gelegenheit, einen erklecklichen Gewinn zu machen" (I, § 353, 3). Also man sieht, die Thür ist nicht gar zu enge.

Beim siebenten Gebot wird die Frage des Diebstahls und der heimlichen Kompensation d. h. Schadloshaltung abgehandelt. Die allge= meinen Grundsätze, welche in Betreff des Diebstahls vorausgeschickt werden, sind ganz richtig (I, § 616). Aber die Anwendungen, die davon gemacht werden, sind nicht unbedenklich (I, § 617). Der Dieb= stahl ist erlaubt in „äußerster Noth". Da fragt sich freilich, welches ist diese äußerste Noth (extrema necessitas). Unfraglich steht das Leben höher als irdisches Gut. Also wenn es sich um Rettung aus Todes= gefahr handelt, treten die Rücksichten auf Besitz zurück. Aber wenn Gury die äußerste Noth auch auf solche Fälle ausdehnt, wo einer in wahrscheinlicher Gefahr ist, bem Tobe anheimzufallen oder ein wichtiges Glied zu verlieren oder in Gefangenschaft oder Krankheit zu gerathen (I, § 617, 4), so wird damit dem Meinen und Belieben die Thür doch allzu weit geöffnet. Und wenn er (I, § 618) das Stehlen nicht blos da verstattet, wo es sich um eigene, sondern auch wo es sich um Hülfsleistung bei fremder Noth handelt, so ist damit auch Crispinus gerechtfertigt, der bekanntlich das Leder stahl, um den Armen Schuhe daraus zu machen. Wo bleibt da die Frage nach dem Beruf, den man hat, so zu handeln?

Noch bedenklicher sind die Grundsätze über die heimliche Schabloshaltung (I, § 620 fg.), und die Bemühungen Ketteler's (S. 10 fg.), diese Partie zu vertheidigen und sich den Schein des Anwalts der Gedrückten gegen die Hartherzigkeit der Besitzenden zu geben, sind vergeblich. Allerdings schickt Gury voraus, daß heimliche Schabloshaltung nur erlaubt sei, wenn es unmöglich ist, den Rechtsweg zu betreten (I, § 621). Aber der Herr Christus sagt, daß man Unrecht muß leiden können. Und wenn aus der Unmöglichkeit des Rechtswegs (I, § 625) eine Schwierigkeit oder Kostspieligkeit desselben wird, so können wir es einer Staatsregierung allerdings nicht übel nehmen, wenn sie sich um solche Moralgrundsätze bekümmert. Die Erlaubniß aber, die den Dienstboten gegeben wird (I, § 623), sich heimlich schablos zu halten, wenn sie durch Gewalt oder Furcht zu einem unbilligen Preise bestimmt oder genöthigt worden sind, oder wenn die Arbeit ungebührlich gemehrt wird u. dgl., ist doch immer eine Anweisung, sich selbst Recht zu schaffen, und schwerlich im Einklang mit den Grundsätzen der christlichen Moral, wie sie der Herr in der Bergpredigt ausspricht.

Am schlimmsten aber ist die Behandlung des sechsten und neunten Gebots und überhaupt das ganze Gebiet der ehelichen und geschlechtlichen Verhältnisse. Hier thut sich eine Welt voll Schmutz auf. Auch der deutsche Uebersetzer[1] von Gury's Moralkompendium hat Bedenken getragen, diese Abschnitte zu übersetzen. Aber selbst lateinisch sie zu lesen wird einem schwer. Und man wird innerlich im Geist entrüstet, wenn man sieht, in welchem Maße und mit welcher Genauigkeit die jungen Theologen in allen diesen Schmutz hineingeführt werden.

Schon bei den andern Materien werden die meisten Beispiele aus dem geschlechtlichen Gebiet (res venereae) genommen. Man bekommt

---

1) Gury's Moraltheologie. Ins Deutsche übertragen von Priester Joh. Geo. Wesselack. Nach der neuesten Ausg. des lat. Originals bearb. sehr verm. u. verb. Aufl. Regensburg 1868.

den Eindruck, daß dem Verfasser kein anderes Gebiet in Gedanken näher lag wie dieses. Aber vollends die Abschnitte, welche ausdrücklich von dieser Materie handeln, überschreiten alles zulässige Maß und zeigen eine Bekanntschaft mit den widerwärtigsten Verirrungen der fleischlichen Begierde, über die man billig staunen muß. Zwar ist dem Abschnitt ein ernstes Wort vorangeschickt und angefügt (I, § 410 u. 436). Aber was hilft das, wenn das, was dazwischen liegt, so beschaffen ist, wie es beschaffen ist? Nicht blos, daß hier dieselbe Aeußerlichkeit der Behandlung herrscht, wie sonst, welche das einzelne (die Blicke und Berührungen) abmißt und in der Regel nach den Folgen beurtheilt, wegen der Reizung und ihrer Gefahr, die damit verbunden ist. So sind denn unzüchtige Blicke leichtere Sünden als unzüchtige Berührungen, weil sie weniger reizen (I, § 417 u. 418)! Die ubera mulieris zu betrachten ist eine schwerere Sünde als den Hals oder dgl., ob periculum huiusmodi aspectui adnexum; und die Blicke auf denudatam pectus mulieris vetulae aut junioris non adhuc formatae zu richten, ist keine so schwere Sünde (I, § 418, 4)! Als ob in allen diesen Fällen nicht die innere Herzensstellung das allein Entscheidende wäre! Aber was ist dies erst gegen die folgenden Ausführungen und Spezialifirungen! Wir wollen nicht von der Unterweisung über die pollutio und ihren Unterschied von der distillatio u. dgl. reden. Das möchte noch etwa hingehen. Aber was müssen das für Beichten sein, wenn so spezielle Angaben gefordert werden wie z. B. I, § 431, 5: qui causavit pollutionem in altero, debet explicare in confessione, an hic sit persona sacra, conjugata, cognata etc. quia malitiam sacrilegii contraxit, vel adultorii, vel incestus etc. Oder was sind das für Rathschläge wie der, welchen wir I, § 432, 9 lesen: licet alicui pruritum magnum patienti in verendis, illum tactu abigere, etiamsi pollutio sequatur, dummodo pruritus ille ex sanguinis acrimonia, ut ordinarie, proveniat, non vero ex libidinis ardore. Und die Unterweisungen über die verschiedenen Arten der Sodomie und ihre genaue Beschreibung, die wir nicht einmal lateinisch abzuschreiben uns entschließen können (I, § 434)! Als ob es für die sittliche Würdigung von Bedeutung wäre, über diese nähern Umstände unterrichtet zu sein! Oder welche Frucht soll es schaffen, so spezielle Angaben in der Beichte zu verlangen, wie I, § 435: tactus impudicii cum bestiis specialiter sunt declarandi etc. Non autem videtur circumstantia necessario declaranda, si quis mediante lingua jumenti aut alterius bestiae voluptatem venerum aut pollutionem in se excitet. Nec est necesse explicare in confessione, cuius speciei fuerit bestia, neque utrum fuerit mas aut femella. Und welche bedenkliche Phantasie ist es, die nur solche Fälle ausdenkt!

Unser Erstaunen aber wächst, wenn wir den Abschnitt über die Ehe lesen (II, § 744 fg.). Von höherer sittlicher Auffassung der Ehe ist hier keine Spur. Die Ehe ist auf der einen Seite ein Kontrakt (contractus) zur leiblichen Geschlechtsgemeinschaft, auf der andern ein Sakrament. In diese beiden Hälften bricht die Ehe auseinander. Das einigende Band der persönlichen Herzensgemeinschaft fehlt. Kein Wunder, daß die meisten Fragen sich im Gebiet der s. g. ehelichen Pflicht bewegen. Und was für Fragen! Bis auf die circumstantiae modi vel situs (II, § 911 fg.)! Auch der situs innaturalis ist nicht sündhaft — werden wir belehrt (II, § 911, 3) — etiam ob frigiditatem, quando innaturali situ magis excitentur etc. (II, § 912, 1)! Mit unglaublicher Spezialisirung werden die einzelnen Zeiten untersucht, in denen der actus conjugalis erlaubt sei (II, § 913 u. 914), und immer sind es nur äußere Erwägungen — etwa die voraussichtlichen Folgen u. dgl. — nach denen die größere oder geringere Sündigkeit abgemessen wird. Oder es wird angegeben, quoties eadem nocte es ohne Sünde geschehen kann (II, § 916, 3), oder inwieweit tactus simpliciter inhonesti erlaubt seien (II, 919, 3), bis in Bestimmungen hinein, von denen wir bekennen müssen, daß wir sie nicht verstehen. Allein wir haben schon zu lange dabei verweilt und den Widerwillen der Leser wol schon zu stark erregt. Aber wir durften uns nicht blos mit allgemeinen Angaben und Versicherungen begnügen. Denn wir sind gewiß, keiner unserer Leser hätte trotz der stärksten Versicherungen, die wir gebraucht hätten, dies für möglich gehalten, was er aus den kurzen Andeutungen hier wirklich sieht.

Und mit solcher Speise wird die Jugend unserer Nation genährt! Denn gehören jene jungen Theologen auch der römischen Kirche an, so sind sie doch Söhne unseres Volks, sollen Lehrer und geistliche Leiter eines großen Theils unseres Volks werden, sind unser Fleisch und Blut und sollen Diener der christlichen Kirche sein! Muß man denn allen Schmutz, der unter der Sonne möglich ist, zusammenkehren und untersuchen, um den Weg der Reinheit zu kennen, den man die Seelen führen soll? Oder heißt das nicht mit Gewalt die jugendliche Phantasie verderben und mit Bildern anfüllen, die — man müßte nicht die menschliche Natur kennen — nothwendig verunreinigend auf die Seele wirken müssen und, trotz aller Ermahnungen zu vorsichtigem Verfahren im Beichtstuhl, in der Hand ungeschickter Frager den armen Seelen, die zur Beichte kommen, zum Aergerniß und zum Verderben gereichen können! Man sage nicht, das gehe uns nichts an! Unsere Nation geht uns allerdings an. Und wenn sie vergiftet wird, kann uns das nicht gleichgültig sein. Durch solche Unterweisung aber werden die Söhne unseres Volks vergiftet. Gegen solche Vergiftung erheben wir öffentliche Klage und Anklage.

Wodurch es aber bis zu solchen Verirrungen kommen konnte? Der letzte Grund liegt in der äußerlichen Behandlung sittlicher Fragen, wie sie im Wesen der römischen Kirche und ihrer Werklehre begründet ist. Hier ist der tiefste Schaden der ganzen römischen Moral und ihrer prinzipiellen Abirrung vom Evangelium.